U0040637

明公啟示錄

范明公精英教養學
（三）

——從哺乳期到口欲期奠定孩子未來人格

作者／范明公

03

【目錄】

【目錄】

【目錄】

第一章
即時滿足需求，
奠定幼兒心理定勢基礎

孩子的心理定勢都是在 3 歲前養成，特別是在哺乳期階段，

基本上孩子大部分的心理定勢都已建構完成，

包含了對世界的觀點、看法、認知等。

孩子在哺乳期的需求，若不能被即時滿足？

以及父母能否積極關注的態度？

將會深深地影響孩子未來能否擁有獨立自信的人格！

餵養孩子的方式愈自然愈好

大腦科學對養兒、育兒來講太重要了，可以說在養兒、育兒方面，說穿了就是如何有科學性地開發大腦功能。因為大腦是整個身體的主宰，身體的其他機能都是配合大腦來執行它的任務。換句話說，大腦是司令部，是身體的指揮中心。

我們養兒的目的就是讓孩子們能夠更健康，育兒的目的是讓孩子在社會上能有所貢獻，有所成就，做一個對社會有貢獻的人。從這個角度來看，其實都脫離不了開發大腦功能的過程。更具體地說，就是在哺乳期過程中，我們怎麼樣從細節上來照養孩子，來教育孩子？以哺乳為例，用什麼樣的方式來餵養寶寶，對孩子的成長是最有利的。

一般而言，餵奶方式可分成兩類，一是母乳餵奶，另一種則是採用母乳的替代品，如奶粉。基本上，寶寶在哺乳期取得營養的惟一來源就是奶，那麼究竟是餵養用母乳好？還是用奶粉以瓶餵好呢？現今眾多科學研究結果證實，母親以自

然的母乳來餵養寶寶對孩子的發育是最好的。為什麼如此說呢？回顧人類整個演化，人類一代一代的繁衍，一代代的生養，我們已經適應大自然了，這一整套人類的生理機制、發育機制，經過數百萬年的不斷進化，不斷的適應調整，自然發展而成的餵養方式應該說是最適合人類成長使用。無論是從營養成分、免疫力的角度來看，愈是以自然的方式來餵養寶寶，對寶寶的成長發育必定能發揮最好的效用。因為這樣的餵養方式已經過了大自然於過去數十萬、數百萬年的不斷進化與調整，我們才形成了現在的自己。仔細分析奶粉的成分，其來源是牛的奶，而羊的奶畢竟也是動物的奶，動物的奶最適合於哺乳動物，比如說牛的奶，人類取用牛的奶來餵養寶寶，還是可能有潛在問題的。

父母教養便利貼：

無論是從營養成分、免疫力的角度來看，愈是以自然的方式來餵養寶寶，對寶寶的成長發育必定能發揮最好的效用。

以母乳或奶粉餵養孩子各有利弊

從營養學的角度來分析奶粉、牛奶、母乳和牛乳的成分，以如今的科學技術可能還做不到精細分析的程度，比如說母乳當中所含的各種蛋白質、激素及營養成分，與牛乳的區別有多大。那麼，為什麼牛乳、羊乳可以被用來代替母乳？這是因為營養成分差不多的緣故。至於差不多是指什麼？即是指以現今的科學儀器檢測技術所能分析得到結果，兩者的營養成分好像差不多。或許有研究人員提出，用母乳哺育寶寶是最原始的，可以從母體直接被寶寶吸收，進入寶寶的身體。

有些學者認為，牛乳、羊乳經過高溫消毒及各種現代化包裝的處理，覺得奶粉更乾淨，更有利於寶寶的成展發育。

那麼，採母乳哺育會產生什麼問題呢？比如說母親身體是乾淨的嗎？母親身體患有疾病時，例如發燒、感冒、身體不適或是任何發炎情況，母乳會不會帶著病毒直接就進了孩子的嘴裡，對寶寶身體產生影響？母親本身有沒有不良嗜好？

另外，母親有服藥或患有癌症，其母乳是否會對孩子造成負面的影響？這些都是有待進一步研究的問題。

反觀牛奶、奶粉經過高溫消毒的過程後，保留了各種蛋白質、營養素，看似比母乳要乾淨清潔，甚至所含的營養成分可能更高，但是孩子真的需要那些特別清潔、特別乾淨的奶粉嗎？這可不一定。奶粉問市的時間才多少年？而我們人類以母乳來餵養自己的下一代，卻是代代相傳，以母乳哺育孩子必定有其不可抹滅的價值存在。不可否認的，無論是牛乳或奶粉，對哺育寶寶也有其便利性、營養，但如果能進行母乳餵養，我們還是儘量採用自然的母乳哺育。其實用母乳直接來餵養寶寶，對寶寶及母親來講都非常的好，因

父母教養便利貼：

不可否認的，無論是牛乳或奶粉，對哺育寶寶也有其便利性、營養，但如果能進行母乳餵養，我們還是儘量採用自然的母乳哺育。

第一章　即時滿足需求，奠定幼兒心理定勢基礎

為這是人類最自然的繁衍生長、發育的過程，儘量不要用現代的人為做法來打破這樣的自然生養過程，而這個也是教養學的基本宗旨。

運用現代科技 乳牛隨時可產出乳汁

從奶粉、母乳和牛奶成分來看，我們知道世界上的嬰兒對奶粉的需求量是非常巨大的。那麼，乳汁是如何產生的？而牛的乳汁又是怎麼產生的？事實上，任何動物的乳汁一定是因為母體懷孕，為了養育後代，母體自然產生乳汁。

以乳牛為例，乳牛在正常的情況下並不會產生乳汁，只有在懷孕了，懷有小牛的時候才能分泌乳汁出來。然而，商人為了要確保每年有足夠量的奶粉供應市場，自然需要大量的乳牛來穩定牛乳的供應量。但是牛乳要從何而來呢？依靠乳牛的自然交配，母牛孕有小牛再取得乳汁，其實這是不現實的，且產量也相當有限。顯然以自然受孕的方式，乳牛的產乳量無法滿足市場需求，那這麼大的需求量該怎麼解決呢？於是，現代化的養殖技術因應而生，運用人工方式讓乳牛終年

處於懷孕的狀態，天天都能夠提供牛乳。然而，你覺得這種方式是正常的嗎？是自然的嗎？乳牛軀體難道不會發炎嗎？乳牛沒有怨恨嗎？乳牛是什麼樣的心理狀態？牠們又是什麼樣的感受呢？紐西蘭、澳洲那片廣大的草原上，牛隻很悠閒地真實情況果真是如此嗎？乳牛們天天處在懷孕狀態，隨時要產生乳奶，隨時要接受人工擠奶；易言之，乳牛就是為了產乳而活，這是乳牛的自然狀態嗎？

母乳是專為自己的孩子產生的

　　牛乳、母乳，這兩者不論從哪個角度來看，都無法相提並論。牛乳可以沒有差異的提供給全世界各地的兒童飲用，乳製品採統一配方；而母乳則是一對一，甚至我們可以這麼說，每一位母親體內產生的母乳就是針對她的寶寶，是無法普

父母教養便利貼：

從親子的角度來講，提倡用母乳餵孩子，因為這是大自然所給予、最天然的，且一對一最親密的餵養方式。

及化的，一個母親、一個孩子，兩者是一體的。

　　從親子的角度來講，我們還是要提倡用母乳餵孩子，因為這是大自然所給予、最天然的，且一對一最親密的餵養方式。母乳就是為了自己的孩子產生的，以同樣的母乳來餵養別的孩子，小寶寶都得適應一段時間。我們在最基本的理上，還是要遵循自然原則，儘量依尋自然的原則行事。然而，當母乳量不足時，甚至母體無法產生乳汁，牛乳、奶粉就是很好的替代方案，特別是現代的雙薪家庭，職業婦女的工作壓力很大，無法好好安養，就很有可能沒有母乳產生。另一種情況是，母親有母乳，但是沒有時間來餵養，因為要採母乳哺育，媽媽是不能離開寶寶的。可是，現今很多職業婦女休完產假後，沒等哺乳期結束，便回到工作崗位上，無法用母乳親自餵養，也只能用牛奶，奶粉來替代母乳。

母親每一次哺育 相當於做 10 分鐘以上的運動

　　由此看來，以母乳直接餵養是最自然的方

式。然而，在衡量是否採母乳哺育，有的現代女性另有各種擔憂，比如說孩子在吸奶的時候，緊緊吸住乳頭，潛意識覺得會對乳房的形狀造成影響，乳房可能因此下垂，因為只要一想像到寶寶叼著乳頭的畫面，好像很飽滿的乳房因此被吸到變成乾癟，這是一種錯誤的聯想。

大量的研究結果顯示，很多女性在懷孕時，體重會自然增加，可是生了孩子之後，身型很長時間瘦不下來，無法恢復到原來的體態。這樣的困擾，一旦採用母乳來哺育寶寶，隨著寶寶吸母乳，母親反而很容易瘦下來。近年來的一些研究表示，雖然母親在哺乳期內的運動量少，但是每一次餵養孩子，每一次孩子吸著奶水，其實相當於母親做了10～20分鐘的運動。孩子吸食母乳的

父母教養便利貼：

雖然母親在哺乳期內的運動量少，但是每一次餵養孩子，每一次孩子吸著奶水，其實就相當於母親做了10～20分鐘的運動。

過程，其實就是一種脂肪熱量的能量轉化，讓母體儘快地將脂肪、熱量、能量迅速消耗的過程。因此，我們從科學實驗得到證實，採母乳餵養寶寶不僅對寶寶有益，對母親的身體、體態的恢復也有極大的幫助。

對於是否採用母乳哺育仍有疑慮的母親們應放下心來，因為妳的乳房不會因為孩子吸奶而變得乾癟，沒有彈性；反倒會因為採母乳餵養寶寶，乳房愈有彈性，愈加通暢，不會萎縮，錯誤的觀念要立即修正。

哺乳期照養孩子的3大原則

選擇母乳或奶粉來餵養孩子，端看個人需求，如果可以的話，自然傾向於讓孩子吃母乳，這裡頭其實還有更深層的意義「餵養」，餵養的

父母教養便利貼：

就餵養方式來看，「積極關注、即時滿足、懷抱餵養」是建立媽媽與孩子親密關係的3大原則。

方式在孩子哺乳期是最重要的一種行為。一般來說，哺乳期約為9個月；也就是說，整個哺乳期大概要進行2千多次的哺乳，這個過程就是餵養的過程。這2千多次的餵養過程，對孩子日後身心是否健康，具有至關重大的意義。

為什麼餵養的姿勢、餵養的模式，乃至於單純的餵養行為會對孩子今後的身心發長產生重大意義？

首先，要來講一下餵養方式。在這裡，所謂的餵養方式，指的是媽媽怎麼看待餵養這件事。餵養，是母親的責任與義務。就餵養方式來看，我們提出了「積極關注、即時滿足、懷抱餵養」來建立媽媽與孩子親密關係的3大原則。孩子從呱呱落地後就不是一張白紙，他不是什麼都不懂，他其實有各種需求，比如說他有吃的需求，有喝、拉、撒、睡、玩等需求，這也是我們人最基本的需求。

積極關注　找到令孩子不安的根源

積極關注的意思是什麼呢？指的就是母親對

於剛出生的嬰兒一定要隨時去觀察孩子的一舉一動，觀察孩子是否有吃喝拉撒睡玩等需求。

在前文，我們曾提及孩子的哭鬧現象，西方的心理學所提出的「哭聲免疫法」（註）主張，孩子愈是哭鬧愈不要強化他的行為，也就是說父母親一聽到孩子的哭聲不要立即把他抱起來，而是等他哭累、絕望了，他知道這個行為不好，得不到獎賞，孩子自然停止哭鬧。事實上，這種說法極其片面，對孩子的成長心理造成極大的影響，父母們不妨反過來思考：「孩子為什麼會哭呢？」然後回想一下孩子哭鬧的過程，找出孩子為什麼哭的原因，這樣才能找到應對的處理方式。

基本上，讓孩子失控哭鬧的情況有以下幾種：一是孩子有需求了，哭，是一種呼喚的方式，因為在哺育時期的孩子不會說話，不會喊人，他只能用哭來召喚照顧者：「我有需求了！

」而仔細辨識一下，孩子想要吃喝拉撒睡玩時，每一種需求的哭聲都是不同的。孩子餓了，有餓了的哭法；想大小便的時候，他有大小便的拉撒哭法；想睡覺了，有要睡覺的哭法；想玩的時候，他有玩的哭法。對於媽媽來講，要能分辨出來孩子的哭法所代表的需求。

另一種情況是，孩子的身體出現問題，他不舒服了，覺得會疼痛，他也會以哭聲來表現，其實就是發出求救訊息來告訴你我，他的身體不舒服了。

還有一種是因為身體的激素異常，如內分泌失調也會讓孩子很痛苦，不得不用哭聲來表示，告訴父母要帶他去做檢查了。針對以上這幾種情況，為人父母首要之務都是積極關注孩子。

父母教養便利貼：

回想一下孩子哭鬧的過程，找出孩子為什麼哭的原因，這樣才能找到應對的處理方式。

除了來自生理的基本需求，還有一種情況也會讓你的孩子哭鬧不休，比如說出現了讓他心生恐懼的事物⋯⋯，所以才說要積極關注，這意謂著母親得24小時觀察自己的孩子，迅速掌握他的需求。

每一個微妙的生理變化都是訊號

母親和孩子是一體的，孩子身上出現的微妙變化，母親都應該立即掌握，即時感知到，這一點是很重要的。

比如說孩子一點點養成固定的生活作息規律，他肚子餓了，會產生什麼樣的哭法，你一看就確定他是因為餓了而哭？他口渴的時候，臉部有什麼樣的變化？他正在大小便又是什麼樣子？一般而言，孩子在飢餓或者渴了，他的嘴是來回、是張著嘴，他會有一種在尋找東西的那種感

父母教養便利貼：

當孩子想玩的時候，他會發出一種不同於哭的呼喊聲，然後小小的手會張開舞動，吸引旁人的目光，那就是「玩」的狀態。

覺，當他有大小便，他的身體則是會扭動的，兩種情況完全不一樣。

當孩子想睡覺的時候又是另一番面貌，看起來特別煩躁，小小的身子彷彿想抱著東西；當孩子想玩的時候，他會發出一種不同於哭的呼喊聲，然後小小的手會張開舞動，吸引旁人的目光，那就是「玩」的狀態，其母親一眼看到就能感知到孩子當下的狀態，這個就叫積極關注。

當孩子的吃喝拉撒睡玩等需求，全都一一檢視且給予滿足，卻還是一逕地痛苦的哭，該睡覺的時候不睡覺，甚至吃奶的時候沒心思吃奶，此時你要注意孩子是不是受傷了？孩子哪方面有問題或疼痛？如果這種情況持續了一、兩個月，甚至更久，建議還是帶著孩子去醫院做進一步檢查。比如說，有的孩子缺缺鐵、鈣質，導致孩子長時間、不間斷的、不分晝夜的哭，哭聲其實就是孩子發出的一種警告。另外，孩子如果受到驚嚇，能看出來他顯得特別害怕，一驚嗷一下就哭，睡一會、嗷一下，又開始哭，很有可能是受驚嚇的原故。

定時定量，養成孩子獨立的生活規律？

父母積極的關注，瞭解這些知識，尤其是作為媽媽的人，如此才能夠掌握觀察孩子的要領，知道孩子的需求，且即時給予滿足。這一點在哺乳期階段格外重要，為人母親的我們一定要即時滿足孩子的各種需求，雖然現今有的育兒專家並不贊同此一觀點，如行為主義流派的學者，便主張在哺乳孩子的過程中，也就是所謂的餵養過程，應當採定時定量，而非按照孩子的需求來給予滿足。

舉例來說，出生後兩個月的孩子，每隔兩個小時餵養一次，兩個小時一到就哺餵他，而且定量。依照這個照養模式，孩子長大以後自然擁有自律性，日常生活也能形成一個規律，他的身體也自然形成一個有秩序、富規律性的行為模式，

父母教養便利貼：

事實上，每一個孩子都是一個獨立的個體，且孩子在每個成長階段的表現也不同。

然行為主義的這種做法已經受到質疑，是極其不可取的。

回顧孩子在哺乳期階段的狀況，每個孩子的狀況不盡相同，究竟應該兩個小時餵養一次，還是3個小時餵養一次？事實上，每一個孩子都是一個獨立的個體，且孩子在每個成長階段的表現也不同。有的時候，孩子可能不到1個小時就餓了；有的時候，孩子可能持續了3個小時也沒有飢餓感，甜美地酣睡著。身為母親的你，如果採用行為主義流派的照養觀點，按表餵養，只要餵養的時間到了，不論當下孩子正處於什麼狀態，都得開始餵養，這樣做會打亂孩子自己的生命週期的節奏。更何況，每個孩子的個別狀況不同，定時定量的標準如何制定？當孩子想睡3個小時、4個小時，媽媽還不顧他的睡興，把孩子拍醒，直接哺餵，罔顧孩子那個時候一點食欲也沒有，長久下去容易變成控制型媽媽。

媽媽認定的需求，不等於是孩子的需求

在哺乳期的餵養過程中，重要的是滿足孩子

的需求，而且是即時滿足，當母親察覺到孩子有哪方面的需求，能夠立即做出反應，滿足孩子的需求，這一點是非常重要的。請記住，一定是孩子先有需求了，媽媽再去滿足他，而不是媽媽主觀認定孩子應該需要什麼，媽媽就去強迫他做什麼，這完全是兩個概念。

現今在育兒學方面，可概分成兩派：一是行為主義倡導的控制型餵養方式，採定時定量的原則，不管孩子的生理狀態，預計餵食的時間到了，便定時定量哺餵孩子。

然而，孩子真的都能吸收？比如說，剛出生的孩子，不論是採配方奶粉或母乳，都按一定的份量餵食，也不管孩子的進食狀況，即使孩子沒吃飽也只哺餵這個量。在這方面，我們並不提倡控制型媽媽，因為所謂的定時定量，那是媽媽所

父母教養便利貼：

吃，是孩子的本能，人們天生對吃的本能需求超過睡眠。一旦孩子真的餓了，他是睡不著的。

認為的需求，而媽媽認為的需求可不代表是孩子的需求，這個觀念一定要分辨清楚。

觀察孩子的需求，而且讓需求即時被滿足，這一點是非常重要的。重要性在哪裡？每個孩子都是一個獨立的個體，有不同的標準，且在某個不同的階段，有不同的需求，如有些孩子在某些階段對睡眠需求就多一點，可以連續睡4個小時，甚至5個小時以上，遇上這種情形，母親千萬不能亂了手腳，先入為主地，認定熟睡的孩子應該肚子餓壞了，怎麼辦？請媽媽們放心。

吃，是孩子的本能，人天生對吃的本能需求超過睡眠。一旦孩子真的餓了，他是睡不著的，試想若我們大人肚子餓了，也是睡不著覺，胃腸自然就會蠕動，人體自然產生想要進食的欲望，進而形成需求，這個時候便是餵食時間。哺餵孩子的奶量和間隔時間，是沒有一個固定的標準，照養者一定要在孩子需要吃的時候，他表現出對吃的欲望時，比如說他的哭聲、他的嘴唇在動、他在四處找奶嘴，此時才是最佳的餵食時間。

當孩子擰在一塊扭動著，哭喊著、呼喚著，通常是他已經尿了床，或沾黏上排瀉物，覺得很不舒服，他就用這種行為來告訴媽媽，請馬上來處理，更何況孩子的大小便也無法定時定量。在哺乳期這個階段，母親如果能隨時隨地，即時滿足孩子的種種需求，對於孩子長大以後的心理穩定度，具有非常大的作用，是我們長大成人以後，建立自信的基礎。

即時滿足，健全孩子人格發展的第一步

　　自信也是一個心理安定度的呈現，它的形成也是有其前提的。成人的世界裡，有的人就特別有自信，他想要實現的事很容易就能實現；反之，有的人就特別難以達成願望，顯得特別自卑，他不覺得自己能實現什麼事，他的心理基礎在哪裡呢？與那些特別自信的人相處聊天，你會

父母教養便利貼：

心理定勢是自動思維模式形成的基礎，自動的思維模式決定行為模式，行為模式決定決策模式，最終影響到未來命運。

發現他整個人傳達出一個訊息：「賺錢對我來說是一件很容易的事。我想賺錢，錢就來了。我想要擁有美滿幸福的家庭也是很容易，這有什麼難的，我想要，它就來了。同樣地，我想要讓這個計畫成功，這個計畫一定能成功。」

對那些特別自信的人來說，只要是他們覺得有機會成功，事情很自然就成了，這有什麼難的。但是，對有些人來講，心理想的可能就變成：「賺錢哪有你說得那麼容易？那可不是你想要什麼，就能有什麼的。」

自信的人基本上都相信：「我想要什麼，我就應該會得到什麼。」

自卑的人會有什麼樣的反應呢？他會這樣說：「我想要什麼就一定能有什麼嗎？我想要，它就能來嗎？它怎麼能來？」

這個就是心理的一種自動思維模式，自動思維模式又是怎麼形成的？關鍵在於心理定勢。心裡有了定下來的勢，勢由什麼來形成的？「心理定勢」就是「知見觀念」。知見，其實來自佛學

和佛法。禪宗祖師說：「只貴汝知見，不貴汝行履。」知見就是思想、觀念。思想、觀念正了，就是一條光明大道；思想不正，南轅北轍，就愈走愈遠。換句話說，就是當「我認為」形成了：「我覺得就是這樣，這沒有為什麼。」、「我想要什麼，就能來什麼。怎麼可能不來呢。」

這種知見是形成心理定勢的基礎，心理定勢則是自動思維模式形成的基礎，自動的思維模式決定了行為模式，行為模式決定了決策模式，最終影響到我們的命運，這就是我們長大以後，未來人生的模樣。

知見觀念＝心理定勢　影響孩子自信建立

引動這一連串反應的「知見」和「觀念」，究竟是從何而起？怎麼有的人認為：「我想什麼，它就能來，很輕鬆，也很正常，它就應該來。」為什麼會形成這樣的知見？回溯到我們生命之初，當我發出我的欲望和需求訊號時，是否可以被即時滿足。如果能被即時滿足，那麼我就會認為：「我所想要的，很輕鬆就能實現，就應

該來。」

　　這個過程是如何開展？把時間拉回至哺乳期，作為一個剛出生的嬰兒，當他來到這個陌生的世界，他並不知道這個世界的運行規則，他不知道他有爸爸媽媽，有個家庭、家人，爸爸媽媽為了迎接自己的到來預做了多少的準備。剛來到這世界的嬰兒有他的需求，而他只關注自己的需求能不能被滿足，這是一種自然的本能，只要被滿足了，他就滿足了。簡單地說，需求被實現了，他就滿足了，再有需求又再被實現，他就再一次滿足，如此不斷的被滿足。

　　然而，他並不知道自己的需求能否被實現，他只嘗試著發出一個個需求信號。比如說他肚子餓了，有需求以後，他會有所表示，嘴巴會動，甚至會發出聲音宣告「我餓了。」雖然不會說

父母教養便利貼：

有一個特別關注自己孩子的媽媽，能立即滿足孩子所需要的，讓孩子想要的都能立即被實現，奠定了孩子未來自信的基礎。

話，但他會做出各種表情，擺出各種狀態等來發出需求。

　　如果此時陪伴在身邊的是一個積極關注孩子的媽媽，在孩子一發出需求的時候，媽媽立刻就發現了，把孩子抱起來了，用母乳餵養他。孩子的飢餓問題獲得解決，但孩子不知道問題能解決是因為媽媽發覺到他的需求，然後衍生出一系列餵養行為。至於母乳是從哪來的？母乳是從媽媽的身體裡來的，可用來餵養自己，滿足自己的需求，孩子是一無所知。因為從孩子的角度來說，只要我有需求，動動嘴，母乳自然從天而降；大小便之後，身體覺得難受，需要有人來協助清潔，我一發出這個需求，積極關注孩子的媽媽接收到了這個訊息後便會馬上處理，他又覺得舒服了，繼續玩樂、舒服地睡個好覺。

　　此時，孩子並不知道是因為他的呼喚把媽媽召喚過來，他的認知是只要我發出需求就能立刻被滿足，也就是在這個時候，欲望與欲望被實現這兩者之間的連結被建立起來。「我一發出需

求，它就實現了。沒有為什麼。他也不知道為什麼……」。如果孩子不斷的發出這樣的欲望，而欲望也不斷地即時被實現了，他就會在哺乳期這9個月，建立了這樣的一個正向連結。

於是，這個定勢在孩子心裡就被定下來了，意即這種知見觀念就此在孩子的心裡札根。定下來什麼樣的知見觀念？就是「我想要什麼，就能實現什麼。」這叫「心理定勢」（註）。

這個是我們長大以後自信的一個基礎，而這個心理基礎是誰給予的？是媽媽。正因為有一個特別關注自己孩子的媽媽，能立即滿足孩子所需要的，讓孩子想要的都能立即實現，奠定了孩子未來自信的基礎。

孩子的大部分心理定勢在哺乳期完成

如果碰到那種不關注孩子的媽媽，沒有積極關注孩子，不能做到對孩子的需求即時給予滿

※註：心理定勢(Mental Set / Mind-set)指的是對某一特定活動的準備狀態，它可以使我們在從事某些活動時能相當熟練，甚至達到自動化，可以節省很多時間和精力。

足，餵養孩子的過程又會變成怎麼樣呢？可能發生的情況是，孩子剛喝完奶的1個小時多後，他開始有餓的感覺了。對寶寶來說，感覺餓了是一件很正常的事。但奉行行為主義流派的媽媽認定，對孩子要定時定量來餵奶，如每隔3個小時哺餵一定的量，若是孩子不到預定的時間就餓了，他開始哭鬧不休，媽媽是不會馬上去關注他，因為媽媽認為沒有關注孩子的必要，為什麼呢？

　　因為媽媽已經幫孩子規劃好完整的作息表了，什麼時間吃？什麼時間喝？什麼時間拉？什麼時間尿？什麼時間睡覺？什麼時間玩？孩子全按照媽媽擬定的作息表來過生活，媽媽無需關注孩子的需求，即便是看到孩子發出了信號，她也不會靠近孩子、滿足他，因為還沒到作息表規劃

父母教養便利貼：

孩子不斷的發出信號，卻得不到來自媽媽的積極回應，需求也得不到實現，他感到無奈之後，漸漸地便會絕望放棄。

的3個小時，但距離目標時間可能有1個多小時的空檔，在這期間，孩子會有什麼樣的心理變化？孩子心裡頭可能反覆說著，「我想要……我發出了訊號，但是我沒有得到回應，我不斷的發出信號，我還是沒有得到回應。」

孩子不知道的是，媽媽採用西方的行為主義理念來教養他。在長達9個月的哺乳期，媽媽如果一直以這樣的方式來對待孩子，而孩子不斷的發出信號，卻得不到來自媽媽的積極回應，需求也得不到實現，他感到無奈，漸漸地便會絕望放棄。而後呢？孩子叫累了，睡了。然而，孩子剛睡著，3個小時的哺餵時間到了，媽媽覺得該給他吃奶了，也不管孩子睡眠情況，就把正睡的香甜的孩子拍醒，開始給他餵奶。

當下，孩子已經沒有第一個「吃」的需求，第二個需求「睡眠」來了，結果卻是硬生生地被打斷，換成吃食。試想，孩子自然的生理節奏受到外力干擾，生活規律被打亂。孩子需要的時候不一定能得到，但偶有例外，孩子飢餓的時間

點，剛好與媽媽擬訂的間隔3小時重合，正好碰上，但是兩者碰上的幾率不是那麼大，最後在孩子的心裡就會「種下」這樣的知見。「我要的，不一定能有，甚至可以說我要的，也不會有。」

這樣的心理定勢一旦形成，後面就會演化成個人的自動思維模式，進一步決定了個人的行為模式、左右了個人決策。

日後，長大成人，個人就自卑，這個就是一種心理的定勢。在哺乳期階段，所有的心理定勢都是3歲前養成。至哺乳期階段，基本上我們三分之二的心理定勢都已建構完成，包含了對世界的觀點、對世界的看法、對世界的認知等，三分之二都已經形成了。基於此，哺乳期的教養工作格外重要，媽媽或是其他的教養者，如外婆、奶奶等，能否積極關注孩子，即時滿足孩子的所有需求，是哺乳期最重要的的一點。

第二章
從咀嚼固體食物，展開自我獨立練習

哺乳期從寶寶出生後即開始，

透過一次次的餵養過程，與母親的互動，

一次次地建立起需求得到滿足的「迴圈」，

為日後經營兩性關係、實現理想打下良好基礎。

最終，隨著哺乳期結束，口欲期達到巔峰，

以固體食物取代流質奶類，

宣告脫離母體，啟動自我獨立的成長練習。

是「嬌」兒？還是安定孩子的心？

行為主義流派的育兒主張，並不顧及孩子的自由意志、情緒感受，強調教養孩子應是按照教養者心中所想要的、所計畫的，來訓練孩子。然而，經過上一個世紀，逾半個世紀的實踐證明，行為主義流派的理論並不適於教養孩子，但是現在還是有好多媽媽依循著這套理論來帶孩子。事實上，教養孩子應著重餵養模式、餵養方式，以及教養者對孩子的積極關注、即時滿足孩子需求。或許有人會有這樣的疑惑：「孩子想的，即時滿足他，這不就是嬌慣，這叫『嬌』兒，嬌生慣養，什麼都滿足孩子，怎麼可以呢？」

其實不然，什麼時候滿足孩子的需求？怎麼滿足？這是有階段性的。

父母教養便利貼：

一旦哺乳期的孩子有所需求，卻沒有如願獲得滿足的時候，他的心理是恐懼的、沒有安全感的。

以哺乳期為例，在這個階段，倘若孩子有需求，大人一定要即時給予滿足，教養者一定要做到這一點，孩子才會心生安全感，有歸屬感。如此一來，孩子的心裡自然形成一種定勢：「我要什麼就有什麼。」反之，一旦孩子有所需求，卻沒有如願獲得滿足的時候，他的心理是恐懼的、是沒有安全感的。

成人心理深處埋藏著深層恐懼感，沒有歸屬感，都是從何而來呢？追跟究柢，都是源自於哺乳期階段，個人需求沒有即時被滿足，經年累月下來，造成長大後個人的自信心不足。

3種餵養姿勢 有利有弊

在餵養方面，餵養的姿勢是必須正視的課題，究竟什麼樣的姿勢是「對」的？這一點非常的重要的。在哺乳期階段，媽媽應該要採用什麼樣的姿勢來餵養孩子？

一般來說，餵養的姿勢可分成以下三類。

如果媽媽選擇以母乳來哺乳孩子，那麼餵養

時媽媽一定是抱著孩子來進行母乳哺育。此外，若是選擇以奶粉來喂孩子，隨著孩子的成長，大人往往把奶粉沖泡好，直接將奶瓶的吸嘴放入孩子嘴裡，讓小小孩躺在床上、沙發上等，自己扶著奶瓶吸奶，大人便可以利用孩子喝奶的空檔做其他事。還有一種是媽媽側躺著，孩子也面對著媽媽側躺著吸母乳。

這3種餵養姿勢各有其利弊。首先，如果孩子是側躺著吸母乳，比如說媽媽剛生產完，身體可能有疼痛或感到不舒服，媽媽側躺著來哺乳寶寶便是最好的姿勢，須注意的是，這種側躺著餵養的方式適用於母親很特殊的情況下，如晚上時媽媽想睡覺，但孩子餓了怎麼辦？媽媽起不來抱著小孩哺乳，睡眼朦朧地就側躺著喂孩子。

這樣喂孩子會產生什麼問題呢？媽媽可以一

父母教養便利貼：

最正確的餵奶方式是什麼呢？答案是「懷抱餵乳」。

邊睡覺，一邊進行哺乳，但孩子若經常側躺著吸母乳，特別是固定同一側邊，長久下來孩子的臉會變形。試想，孩子的頭殼骨尚未完全發育，骨頭實很軟的，母親總是固定一側身體來餵養他，孩子的嘴臉會變形的。更何況在這種情形下，母子之間是沒有互動的，心理與腦神經的連接無法透過哺乳得到解決。

其次，孩子在喝牛奶的時候，絕不可以將他放到小床上，自己叼個奶瓶自己去吃。這樣的餵奶方式對孩子的身體發育，包括對孩子的心智形成、腦神經的連接都是最沒有助益。那麼，最正確的餵奶方式是什麼呢？答案是「懷抱餵乳」。

寶寶認人，從與母親的互動開始！

這什麼意思？難道餵奶一定要媽媽抱著孩子來進行嗎？前文提及，從科學實驗結果來看，寶寶出生後的前2、3個月，他的視力範圍約是20公分，20公分左右大概多遠呢？媽媽抱著孩子哺乳時，寶寶的臉和媽媽的臉之間的距離就是20公分左右。

為什麼人是長成這樣呢？就是為了孩子和媽

媽的這種互動而來的。因為孩子出生後2、3個月，太近的東西看不著，太遠的也看不見；聽力也是如此，他聽東西是聽不清楚，甚至是聽不到的。但是，寶寶以20公分距離對著媽媽的臉，對媽媽的聲音便特別的敏感，心裡特別有安全感。

從孩子的角度來看，母親在哺乳過程，孩子是能看見媽媽的臉。基於此，媽媽不僅是抱著他完成哺乳的工作而已，跟寶寶其實是有眼神的交流，抱著小寶寶哺乳，還要輕柔地撫拍著寶寶小小的身體，目光與孩子交流，還有低緩的安撫聲音。孩子會有感覺：「媽媽在跟我說話呢。」

這一些表情、動作，便是孩子與媽媽之間的心情互動，非常有利於孩子觀察媽媽各種豐富的

何謂高情商 vs. 低情商

善於觀察人的表情，只要別人的臉色有一點變化，能察覺到對方當下的內心狀態，是情緒高昂、低落？且能夠馬上做出相對應的調整，這就是高情商的表現。反之，有些人行事完全不會看人臉色，對方都已經變臉了，自己還一無所知，完全沈浸於自己的世界，這就是低情商的表現。

表情。

　　孩子對於「人」的記憶，從什麼時候開始？怎麼開始？從媽媽與他的互動開始。有些孩子長大以後不認人，也就是俗話說的「臉盲」，對人的臉部表情變化，他是不敏感。這是什麼意思呢？簡單地說，能不能觀察別人表情的細微變化，並由此察覺到對方的心理層面活動，這樣的敏銳性即為「情緒智商的基礎」，也就是現在很流行講的「情商（EQ）」。

腦神經連接愈密集 對情緒觀察的敏銳度愈高

　　情商是怎麼發展的呢？前文曾針對「腦神經連接」做過詳細分析，提及大腦皮層在情感觀察的部分，關係到人是否能夠敏銳地觀察到細微表情的變化。進一步地講，你的腦神經連接愈密集，迴路便愈多，褶皺愈深，在這方面的觀察力便愈強，情商就愈高。那麼在成長過程中，有沒有可能透過某種練習來養成？要從什麼時候開始練習？跟誰練習呢？

　　事實上，在孩子呱呱落地後就可以開始了，而且媽媽就是最好的教養者，在親子互動過程中便能完成。孩子和媽媽的表情互動中，媽媽有時可偽裝生氣的模樣，眼睛圓睜著，孩子看著媽媽生氣的臉，感受這種氛圍；孩子喝母乳時咬著乳頭的力道大了一點，媽媽感到疼痛，朝著小寶寶的屁股拍一下。媽媽生氣時的語調低沈，表情凝重，孩子接收到這樣的表情聲音，慢慢地就建立起一種認知，知道這就是「生氣」。

　　媽媽與孩子說話、講故事、哺乳時的表情都不相同，孩子都在細微的觀察，因為他的眼睛只能看見媽媽的臉。媽媽如何知道孩子的情緒反應呢？以哺乳為例，媽媽就發現在餵孩子喝奶時逗他，他會顯得特別興奮、高興，這意謂著孩子也是隨時在細微的觀察著媽媽。

　　媽媽抱著孩子餵奶的時候，一來一往的互動非常重要，一來，這個時期正是孩子建立大量的情緒、觀察表情的階段；另一方面，這時期對孩子的腦神經連接發展也是非常重要，整個哺乳期

拒做冷漠型媽媽

哺乳期的餵奶是非常重要的過程，不單單是讓孩子吃飽就可以了。媽媽在哺乳時，應該用正確的姿勢與孩子互動，且是頻繁的互動。哺乳解決的問題不僅是孩子生理上的飢餓，同時也訓練孩子的情商、與人的情感互動，強化孩子的腦神經連接密度。孩子未來能擁有高情商的表現，最關鍵的基礎便是在這個階段奠定，最可怕的是媽媽不關注孩子，完全忽略感覺孩子的需求，這個叫「冷漠型的媽媽」。

冷漠型的媽媽手把手帶長大的孩子，很容易有憂鬱症傾向，不相信世界有愛，他也感受不到愛，不會付出他的愛。就算是想愛對方，他也不知道該如何表達愛，他的表情不會說話，他的眼睛也不會與他人交流。

逾2千次的餵養過程，孩子透過和媽媽的種種互動，完成了發育腦神經連接的關鍵過程。

　　未來，孩子能擁有高情商、獨立自信，都是來自於哺乳期的親子互動打下良好的基礎。因為，自信源自於即時滿足，而即時滿足的前提是教養者的積極關注，如媽媽察覺孩子有吃奶的需求，媽媽能立即抱起他哺乳，既是一種擁抱、撫摸，母子之間的情感交流藉由一次一次的哺乳慢慢形成，從中訓練孩子對於表情變化的觀察力。

　　如果媽媽經常懷抱餵奶，這孩子長大以後情商就高，他就能夠敏銳的知道別人的表情，微細的變化，這個是非常重要的。這個長大以後你就學不來了，腦神經連接一旦沒有連接上，長大以後他也不可能再重新連接了，這個就叫「敏感期」。

　　現實生活中就有這樣的人，他的愛是深埋在心裡，別人感受不到他的付出；反之，別人對他再好，他也感受不到別人對自己的愛。為什麼會這樣？原因可能是他的腦神經特別稀疏，教養者

在他幼小時並沒有對他做相關訓練，使得他長大後，到了敏感期階段，就沒有這方面的生理基礎了，而且想再做類似的練習也沒有效果。

哺乳期的媽媽是最偉大的，是爸爸替代不了的。對孩子來說，媽媽既是最偉大的天使，但也可能是毀掉孩子的惡魔。孩子長大以後的一切，基本上都跟媽媽的作為離不開關係，如果帶著孩子時，媽媽的心都繫在孩子身上，媽媽就是天使；如果你媽媽沒有把心用在孩子身上，甚至是沒有養育，對孩子來說便是惡魔，孩子長大後產生憂鬱、自殺、反社會行為等人格，屆時再來反省也無益於事。

幼兒時常受斥責，孩子長大不敢表達欲望

乳期的餵養過程，不僅是親子互動而已，也關係到孩子未來能否清楚地表達對人、對事物的「愛」意，在這當中最重要的是欲望的需求能否被即時滿足。怎麼說呢？以哺乳期的寶寶為例，孩子首先一定是先有飢餓感，胃空了，自然產生收縮，胃腸收縮後產生一種想要吃東西的欲望。於是，寶寶的嘴本能的開始搜尋可吃的，嘴巴蠕

動，身體跟著產生動作，手舞足蹈地，其實是要抱、要抓，期待著抓到可填補肚子空缺的食物。

期待肚子餓的問題被解決，寶寶產生了想吃的欲望，然後等待著欲望被實現。儘管，孩子不知道他的欲望是如何獲得實現，但是每當孩子「要」就能被實現，他心裡即時就有了滿足感，經過反反覆覆的試驗後，「我要就能有！」這樣的認知自然就會在他的心理形成。

另外，媽媽察覺孩子哭鬧不休，嘴唇或蠕動著或左右撇，馬上將孩子抱起來哺乳、餵奶孩子便安靜下來，孩子從一開始時的狼吞虎嚥，慢慢地速度緩了下來，最後吃的差不多要飽的時候，媽媽會發現孩子開始跟你互動了。這時候，孩子小臉紅紅的，身體熱熱的，隱約冒出來興奮態勢，等到接近飽了，他這種興奮勁一點點消退

父母教養便利貼：

哺乳期的餵養過程，不僅是親子互動而已，也關係到孩子未來能否清楚地表達對人、對事物的「愛」意。

了，換睡意浮上來。你看到孩子睡著的狀態，睡的很沉的、又香甜又滿足，這就是一個過程，稱之為「餵養的封閉迴路過程」。

從成人的角度來看，這樣的過程開展是不是和男歡女愛很像呢？人是有正常的生理需求，男歡女愛是人的本能，當我們產生生理需求時，發出「我有欲望了！」的信號以後，接著做出各種表示。比如說，遇見一位心儀的女同學，主動靠近她，我會發出各種表示，如約吃飯、約見面等，這個過程不就像孩子在飢餓時，請求哺餵的各種表示一樣。

在追求異性的過程中，有的人充滿自信，態度自然大方；有的人卻不敢主動向對方表明心意，覺得事情不可能順利成功，把喜歡壓在心裡，不敢表示，只敢默默的、偷偷的，甚至是愈喜歡對方愈退得更遠。

為什麼會有如此兩極化的差異呢？前文提及，這種心理定勢是在我們心裡形成的，很自信的男孩、女孩勇於表達自己所要的，也覺得自己

應該能得到。但是，有的人就不敢表達，為什麼不敢表達呢？因為在他的心裡，認定了自己，「即使表達了也不一定能得到！」甚至是「我若是表達了，搞不好會被拒絕，讓人家討厭我。」

　　為什麼會有這種否定的想法產生呢？問題點還是回溯至孩子的哺乳期，當他想要吃的時候，以本能做出了提問訊號，而媽媽對孩子的回應就會在孩子心裡埋下種子，比如說還沒到3個小時的餵食時間，孩子表示餓了，卻得到媽媽的冷漠對待，甚至於孩子以不斷的哭鬧期待引起大人的注意，換來的可能是媽媽的巴掌嚴厲警告。

　　要知道在孩子表達欲望的過程中，如果經常遭受到來自大人的斥責和巴掌，那麼他長大以後便不敢表達個人欲望。須注意的是，有關人格的養成，基本上在7歲前便形成，3歲前的哺乳期更

父母教養便利貼：

孩子在吃奶時，只能看見20公分範圍的人事物，若媽媽在20公分外的地方逗他，孩子是看不見媽媽的臉。

是重要，這是我們最深層的知見、心理定勢的形成過程。

這樣的心理定勢也影響孩子未來能不能妥善經營兩性關係？當他心理產生欲望，能夠以適當的方式提出表達，然後得到對方的良善回應，進一步與對方有身體上的接觸，在男歡女愛的過程中，彼此都能感到幸福快樂。

現今社會上，有性功能障礙的患者趨向年輕化，為什麼會出現這種情況呢？正常的男歡女愛是人的本能，它怎麼會出現問題呢？尤其是年輕人也出現這個症狀？男歡女愛的心理定勢是怎麼形成的？其實，在哺乳期的時候，媽媽每一次餵養孩子時的態度，便會影響孩子成人後對愛情看法的心理定勢。

每一次的餵養都是為寶寶的未來鋪路

在哺乳期階段的2千多次餵養過程，如果孩子都能夠順利地完成「提出需求→即時被滿足」的循環經歷，孩子的心理自然形成一個「欲望到實

現，到高潮到消退，而至緩解休息，再重新來」的封閉迴路循環。這個過程不僅僅是男懷女愛的性愛過程，同時也是孩子長大成人以後，在現實社會中能不能實現理想的過程。

實現個人理想的心理狀態也與這個過程非常類似。以升大學為例，心理的狀態變化大概是呈現出以下的波動。比如說：「我想要考上好的大學，我想要進頂大。」當這樣的想法跳出來後，這便是欲望。而想法出來以後，各式各樣的升學準備工作也跟著浮現。在這個關鍵時刻，有的考生信心低弱，自動打退堂鼓；有的人卻始終自信滿滿，敢於嘗試任何有助於提高能力的挑戰，為什麼兩者的心理狀態差異如此大呢？

事實上，人們追求理想的過程，就相當於「我想要媽媽就會給我」的過程。孩子在吸食母乳時是用力地使勁，不就是與人們為了理想卯足全力拚鬥的過程一樣。當理想實現的剎那間，內心湧現的滿足感、興奮感，就如同在男歡女愛時達到高潮，而後開始趨緩，進入沈睡的休息階段，

這是實現理想的封閉過程。一旦這個理想被實現以後，又產生新的目標，又形成下一個理想被實現的封閉過程，構成一個個追求理想的迴圈。

有的人做事很有毅力，為了要實現理想，不斷地努力，心裡始終堅信著理想一定能實現；有的人才剛有點念頭冒出頭，自己就把念頭否定了；有的人做事3分鐘熱，無疾而終。之所以會有這些差異，原因便在於心裡定勢，如媽媽懷抱著孩子餵養，這個狀態便是母子之間最好的互動狀態，也是型塑孩子的心理定勢最佳時機。

用母乳餵養孩子的好處不勝枚舉，但若是遇上乳汁分泌稀少的情況，建議媽媽不論是採奶粉或牛乳來替代母乳，在使用奶瓶餵養孩子時，還是應該將孩子抱起來餵奶，而不是讓寶寶抱著奶瓶，躺在嬰兒床上吸奶。果真如此的話，孩子在哺乳期階段便無法形成心理定勢。

為什麼呢？當媽媽察覺到孩子有想吃的欲望，若無法以母乳哺餵，便是幫他把牛奶溫熱，把奶瓶的奶嘴放入孩子的嘴裡，此時寶寶是面朝

上，他看到的是天花板，甚至他可能看不見天花板，他只能看見20公分範圍的人事物，若媽媽在20公分外的地方逗小孩，孩子是根本看不見媽媽的臉，喝奶便只是單純的解決生理問題。在孩子吃奶的過程中，即便是他吃飽喝足，但是他的眼神是空洞的，是迷茫的，孩子的心理、腦神經連接更是得不到任何訓練，沒有與人互動的，他沒有興奮感，無法形成心理定勢。

哺乳期的2千多次餵養，如果媽媽在餵養孩子時都是任其乖乖地躺著，抱著奶瓶喝奶，那麼他的情感情緒、對面部表情的敏銳度等是得不到鍛煉。當孩子長大以後，眼神空洞迷茫，情商低下，對人的感情冷漠，這是因為他從小就沒有受到訓練，不知道如何與人互動、觀察別人。

建立迴路，為日後兩性關係、實現理想打基礎

當孩子到了成家立業的階段，在兩性關係的性愛方面，也出現了茫點，不知如何與異性互動，顯得特別沒有情趣。

從經營婚姻關係的角度來看，性愛不僅僅帶

來生理上的刺激，更重要的是在性愛過程中，男女之間的互動也會因為肢體上的親密接觸更形緊密，為兩人組成的家庭努力打拼；但是，也有的人對另一半始終相敬如賓，兩人的感情隨著相處的時間愈長，對方愈覺得你的冷漠無情，性愛生活也平淡如水。

現今社會裡，有的人在做事的時候沒有激情，儘管他有理想，他想做事，但是缺乏激情，沒有魅力、沒有煽動力，為什麼？徵結點都是媽媽在哺育孩子時缺乏互動。

缺少了這個環節深深地影響孩子日後的人格發展，影響層面所及不僅僅是兩性關係，涵括了個人想要努力的事業。因為，我們隨時都處在一個迴圈當中，從建立理想、實現理想，讓自己平息，而後再產生新的理想、實現理想、再平息，人們終其一生其實就在不斷的迴圈過程奮鬥，有的人活的精彩豐富，而有的人卻是慘淡一生。

大量的臨床個案資料顯示，個案面臨婚姻關係破碎、低情商、人際關係冷漠、生活一成不

變等問題，大都能回溯至其在哺乳期都有類似的餵養經驗。而這一點也是現在國人非常缺乏的，尤其是前幾代的長輩先祖們，歷經戰亂的生命威脅，及戰後民生凋零的生存考驗，他們根本毫無精力、心思，用在餵養孩子的身上。

據統計，中國有超過80％的民眾在身心健康部分亮起紅燈；嚴重者占30％～40％，包括這一代父母不知道該如何餵養孩子，怎麼養兒、育兒，關鍵點便是哺乳期的餵養過程中，餵養方式、原則及姿勢，對孩子人生發展造成重大影響，值得父母加以重視。

孩子扔東西是告別哺乳期的訊號

從孩子呱呱落地，媽媽開始餵奶，哺乳期階

父母教養便利貼：

在孩子進入學爬的階段，手裡只要撿到什麼東西，隨手便向遠處、朝外扔東西，這就是一個可以幫孩子斷奶的標誌。

段便開始。哺乳期什麼時候結束呢？這個問題至今對幼教界來講，仍是一個非常有爭議的問題。

什麼是哺乳期結束？簡單地說，哺乳期結束的意思就是斷奶。寶寶什麼時候開始做斷奶的練習呢？這個答案眾說紛紜。就營養的觀點來看，母乳對寶寶的免疫力提升非常有幫助，在大加倡導用母乳哺育的同時，也建議儘可能延長哺乳時間，如寶寶2歲~3歲，斷奶時間沒有一定的規章，視個人情況而定。

從人體的生理發育來看，寶寶大約概6個月大時，孩子開始長牙齒。為什麼會在這個時候開始長牙齒呢？試想，牙齒的作用是什麼呢？牙齒的作用是為了咀嚼食物，意謂著寶寶要開始吃東西了，開始進入自己吃東西的階段，於是乳牙開始一顆顆冒出來了。

等到9個月時，孩子的乳牙基本上長的差不多，孩子也做好了迎接吃固體食物的準備了。

從心理發展的角度來看，母乳對孩子的意義代表著他與媽媽是一體的，在心理上還離不開媽

媽，由母親用母乳來餵養他，即使身體與母親分開，但透過食物、母乳，寶寶與母親依舊是一體的，潛意識認為自己離開母親便可能無法生存。

然而，這樣的依賴態度到了寶寶9個月後，大人發現孩子做出朝外扔東西的動作，那時候孩子就已經做好要離開母體的心理準備，開始探索外面世界。

與母體分離，開始探索世界

與母體的分離可分從兩方面，一是從身體上離開母體，另一方面則是從精神上離開母體。當孩子朝外扔東西的時候，他的視力已經可以看得更遠，對外面世界產生探索欲，有求知欲，有好奇心了。孩子在這個時候第一次要脫離母親了，現實面當然是脫離不了，因為他才9個多月大，剛剛學會爬行，還不會站立、行走。這是孩子第一次從他和母親在身心靈都融為一體的狀態下脫離，這個稱之為「第一次分離」。

所謂的分離，指的是由嬰兒、兒童的需求而產生的，一種發自原始本能對「獨立、自由」的

的基本需求。人們既嚮往「獨立、自由」，同時又有依戀和依賴的心理安定感，渴望有所歸屬的安全感，而媽媽則是能提供極大安全感、歸屬感的人。孩子跟媽媽是一體的，但孩子不能永遠跟媽媽一體，他早晚還是得面對獨立生活，也就是這種獨立的人格和追求自由的意志，將孩子推向一個人探索世界，踏上探索宇宙、最後形成獨立人格的人生道路，也是人的原動力之一。

從這個時候開始，孩子就已經開始邁向獨立的、自由的、具有自由意志的自己，他的身體開始遠離母親，脫離了母親的懷抱；他的心理則是飛出家門，探索未知的世界。在生理發育方面，他的牙齒已經長齊了，於是他開始脫離母體的母乳，改由進食固體食物。這一整套的連鎖反應，

父母教養便利貼：

從生理的發育角度來講，孩子需要從各種自然的固體食物汲取養分，母乳或奶粉並無法替代固體食物，即使在哺乳期結束後，人的一生也是通過肉食、素食、蔬果等固體食物來獲取養分。

環環相扣，缺一不可。

　　人類的哺乳期在動物界是最長，一般野生動物，如馬、鹿等，從一出生便直接站立著，跟著媽媽跑動，但人類可不行，需經過9、10個月，才一點一點的離開媽媽，人類在這漫長的9、10個月之間，傾全力發展智力，也是大腦發育最重要的時刻；反觀其他動物，只須發展本能，自然省下這段耗時9、10個月的智力發展期，這就是人類必須有哺乳期的重要性。

　　9、10個月左右，孩子開始出現隨撿隨扔東西的狀況，代表著孩子要脫離母體了。此時，媽媽便應該意識到要給孩子斷奶了。怎麼執行呢？幫孩子斷奶，不是說立即切斷母乳的餵養，必須有過度期，比如說對照以前每天哺餵母乳的次數，現在一點點地減少，取而代之的是幫寶寶準備固體食物，如粥、純稀飯，讓他繼母乳這個味道之後，也嘗試其他味道。

　　沒錯，給孩子各滋各味的固體食物，像是鹹味、甜味、苦的、酸的、辣的等，慢慢地擴增他

的味蕾版圖，因為在9、10個月時，這段時間也是孩子的味覺起飛期，如果媽媽僅僅給寶寶餵食吃奶粉或吃母乳，他就只有那一個味道的記憶。

部分專家學者倡導，採母乳餵養孩子的父母不要輕易斷奶，而是待哺乳期自然結束，但人們身體需要的營養可不是只從母乳裡取得，當孩子到斷奶階段時，應該讓他開始嘗試吃固體食物。

酶，能化解乳品中對人體有害的激素

育兒學科是一門綜合學科，內容包羅萬象，除了廣為人知的營養學之外，也包含了從生理、腦神經、大腦功能的發育，以及心理的熟成等角度來考量，事實上排除科學資料或結論，最重要的就是「順其自然」。

為什麼寶寶在9、10個月大時，他的牙齒便長得差不多齊了？牙齒的作用即是因應固體食物而生，當孩子的牙齒開始生長，若還一昧的餵食寶寶流質食物，便枉費牙齒的作用，也違反自然規律。另一方面，從營養學的角度來看，不論是母乳或奶粉都屬於乳製品，其成分內含對人體有

害的激素，而哺乳期的孩子，他的體內會分泌一種酶，能化解母乳或奶粉當中對人體有害的部分激素。因此，對於尚未脫離哺乳期的孩子來說，他的身體完全能適應乳製品，在哺乳期哺餵孩子，對他只有百利而無一害，尤其是母乳有助於增強孩子的抵抗力，強化孩子的健康防禦系統。

有人可能心存疑慮，若母親生病還能哺乳寶寶嗎？其實是無礙的。因為母親即使生病了，母體內有抗病毒的細胞或者抗生素，而這一部分也會透過哺乳孩子時進入孩子體內，間接強化孩子的抵抗力，除非母親罹患重大傷病或是癌症等特殊情況。一般來說，母親如果是有點發燒、感冒，有點頭疼腦熱，哺育寶寶是沒有影響。

然而，當哺乳期結束時，也就是約在寶寶 9、10個月以後，如果母親再繼續用母乳餵養孩

父母教養便利貼：

牙齒的作用即是因應固體食物而生，當孩子的牙齒開始生長，若還一昧的餵食寶寶流質食物，便枉費牙齒的作用，也違反自然規律。

子，孩子的體內已不分泌酶，他就抵抗不了母乳當中對孩子有害的激素，導致孩子的身體有時候會出現不適症狀，如腹瀉等。為什麼會這樣？

　　大自然界的定律便是如此。人類的演進已有幾百萬年的時程，一代代的生命延續依仗的便是母乳，當哺育母乳的階段結束以後，孩子在9、10個月左右便可以學習吃固體食物。隨著時代演進，傳統的農業社會轉變至現代社會，人們卻違反幾百萬年以來，人類生命傳承的自然過程，其實不符常理。所以，家長們注意了，當孩子開始出現扔東西的現象，便是他要探索未知世界的訊號，對世界宣告著他從心理要離開母體了。

口欲期巔峰，味蕾大挑戰

　　基於此，父母應該要開始著手幫孩子做斷奶的準備，以循序漸進的方式，一點一點地減少母乳或牛奶的餵食量，輔以增加固體食物，讓他品嚐各種味道。

　　此外，孩子的口欲期也伴隨著他的斷奶過程，達到了巔峰。口欲期約在寶寶滿週歲時結

束，而在孩子9、10個月大時，不論是能量、力量、敏感度都集中在口腔部位，將口腔的快感推向巔峰。

巔峰狀態的標誌是什麼呢？長了牙齒。

牙齒是用於咀嚼，而咀嚼代表著毀滅。凡固體的食物，如蘋果進入嘴裡，孩子便用牙齒去撕碎它，咬爛它、嚼碎它，這是一種帶有毀滅意味的力量。從心理能量的角度來講，孩子在這個階段最聚集能量的點，便是口腔、牙齒，牙齒匯集全身力量，進而發出攻擊。

很多採母乳哺育的媽媽都有相同的經驗，當寶寶長牙以後，孩子在吃奶的時候，有時候會一用勁咬住乳頭，媽媽不得不拍一下寶寶的屁股，

父母教養便利貼：

口欲期約在寶寶滿週歲時結束，而在孩子9、10個月大時，不論是能量、力量、敏感度都集中在口腔部位，將口腔的快感推向巔峰。

讓他鬆口。問題是，寶寶為什麼要使勁咬呢？

因為他在這個時候正值口欲期，全身力量集中於牙齒，說明孩子內心的攻擊力已經形成，需要釋放。如果媽媽在這個時候還用母乳餵養，寶寶自然咬著乳頭，一用力便會收到來自媽媽的警告，他又想用力。

孩子集中在牙齒攻擊的本能力必須獲得釋放，因此父母要改變餵養方式，讓孩子盡情釋放口腔能量，惟有讓他撕碎，他的攻擊能量才能正常的釋放出來。這一點，也是孩子在形塑心理定勢的過程中，非常重要的關鍵。什麼樣的心理定勢？就是要學會正常的釋放內心力量出來。從哪裡開始釋放？從開始長牙，開始咀嚼固體食物，牙齒是最原始的攻擊本能和力量釋放的地方。

從咀嚼練習，開始自我獨立之路

從口欲期開始，父母便要有意識的幫寶寶斷奶，提高餵養固體食物的質量，協助他把攻擊本能匯集於牙齒上，讓他不斷的練習咀嚼固體食

物，這個時期對孩子來說才是真正的開始自我獨立之路。

咀嚼固體食物意味著從身體、心理，孩子已經做好了脫離母體的準備，這一點至關重要。為什麼年輕人沒有攻擊力？年輕世代對於未知或已知的事都感到害怕，語言表達缺乏力量，身體發力時虛浮，眼神空洞無神，表情缺乏說服力。力量不等同於暴力相向，不等於蠻橫無理。現今，男孩在應對問題的處理時，在獨立自主方面不若以往，是什麼原因造成的呢？又是如何演變成近似常態呢？歸根究柢，問題還是回到現今的育兒教養觀。

中國在育兒教養方面缺乏一套行之有效的、科學客觀的育兒體系，在相關的基礎知識普遍缺

父母教養便利貼：

如果孩子已進入口欲期，繼續餵養他母乳不僅對孩子身體無益，對媽媽的身體也並非好事，育兒學一定是要在符合自然規律的前提下開展。

乏的情況下，造成一代不如一代的局面。回歸正確的教養軌道，孩子的發育到了哪一個階段，父母親應適時地做出相對應變，切勿局限於以單一領域的部分知識來照養孩子，沒有做變通，對孩子的發育生長影響巨大。

　　或許有人會心疼於母乳閒置，讓孩子改吃固體食物，其實不然，如果孩子已進入口欲期，繼續餵養他母乳不僅對孩子身體無益，對媽媽的身體也並非好事。育兒學一定是要在符合自然規律的前提下開展，不能因為現代的專業知識，打破了自有人類以來的自然規律，如行為主義流派所倡導的育兒觀點，最初的想法是從訓練動物衍生而來，但用在人類的育兒全是失敗的，於是又回到起點，最後發現符合自然的、本能的、原始的，才是最佳的育兒良策。

68

第三章
口欲期孩子的心理，預示未來人格

嘴巴，對口欲期的孩子來說是用來探知世界的工具，

大人此時該如何回應孩子抓到東西便往嘴巴送的狀況呢？

孩子為什麼會產生依戀心理？

透過兒童心理發展的 5 大階段，

一層層剖析孩子無法割捨的依戀心理，

而口欲期出現的行為徵兆，

是否意謂著父母可以開始「教」孩子了？

順其自然，順應孩子的生理、心理需求

在哺乳期階段，最重要的行為就是餵奶，照養者採用什麼樣的餵奶方式、姿勢等，這些都會影響孩子長大以後的各個層面，然在眾多有關育兒的討論，我們可以歸納出一個最重要的原則是「順其自然」，其貫穿了整個哺乳期階段。

順其自然，這個原則不僅適用於哺乳期，一直到孩子各個成長階段，從3歲到7歲，是所有關心孩子健康成長的父母務必遵循的。在這裡，主要聚焦於7歲前的幼兒。然而，什麼叫自然呢？什麼是順其自然，這個「其」指的是什麼意思？其，第一個代表的是生理結構的成熟與否，它的一個規律。第二個意涵是指心理發展的成熟規律，人們要順應而不能違背。以孩子的生理結構為例，其成熟與否決定了孩子成人後的各種行為，他是否能被強化提升？是否正常發展？還是出現扭曲狀況？

那麼，從心理的發展過程來看，順應它指的

又是什麼意思呢？

首先要注意的是，人的心理同生理一樣，也是有需求的，兒童的心理在某個階段需要什麼，應該能從大人手上得到。比如說，寶寶在胎兒期需要的是媽媽的歡迎、媽媽的情緒穩定與開心表情，想要與媽媽互動時，也能立即與媽媽互動。進展到哺乳期階段，寶寶需要的是媽媽的陪伴，需要媽媽的積極關注、即時滿足，那麼孩子在吃奶時，需要媽媽懷抱著他互動，媽媽也能夠立即把他抱起來哺餵，這個便就是順其自然。

再舉個例子，當孩子滿3歲以後，需要獨立的時候，也就是他在生理上和心理上透過獨立，創建自我的時候，此時媽媽也要配合著孩子獨立做出應變，這個時候就不適合全程陪伴他了，不能

父母教養便利貼：

爸爸肩負著鼓勵孩子，給孩子自信、正確的評價的任務。最重要的是，爸爸要成為孩子的靠山，教導孩子各項技能，讓他更能適應社會。

即時滿足孩子的需求。當媽媽順應孩子的身心成長，如此才能養育出一個健康獨立的兒童。

除了媽媽需要配合孩子的階段性成長，爸爸也需適時加入，且他的主要任務會出現在孩子滿3歲以後，屆時爸爸的作用才會出現。

不容忽視的心理發展過程

父母如何配合孩子各個生長階段？每個階段要注意什麼？首先，父母須瞭解生理發展過程，包含心理發展等基本知識，然後才能決定要採用什麼方式，來適應孩子身心成長的改變。

前文曾討論過大腦發育的過程、大腦的功能，而我們怎麼去適應它，這個就叫生理，生理結構的成熟與否，與大腦的發展過程息息相關。

父母教養便利貼：

孩子出生兩個月以後，就開始主動探索這個世界了，但是在這2、3個月期間，他一定得先從媽媽開始，因為媽媽在這期間對孩子的陪伴是第一位。

此外，孩子在每個階段的心理發展，父母也不能忽視，也要去順應它，如剛出生的孩子，大概兩個月左右的時候，孩子基本上已經開始認知這個世界了。

孩子對世界的認知是從哪裡開始呢？孩子是從媽媽那邊開始認知世界。再向外一點一點隨著他的視力範圍擴大，不斷的看得更遠，聽覺也能聽得更遠，不斷地碰觸外面的世界，一點一點的感知這個世界。換句話說，孩子出生兩個月以後，就開始主動的探索世界了，但是在這2、3個月期間，他一定得先從媽媽開始，因為媽媽在這期間的陪伴是第一位。

寶寶吃喝拉撒睡，請勿做定時定點計畫

在哺乳的過程中，媽媽不僅解決寶寶肚子餓的民生問題，兩人之間的互動對孩子更是有極大的意義。對寶寶的日常生活而言，基本上就是「吃、喝、拉、撒、睡」的不斷循迴，而哺乳後面往往緊接著就是孩子的大小便，哺乳期寶寶是無法自控的，而且也不可能形成一個定時定點定量

的規律，因為這是孩子的特性。媽媽該如何應對孩子不定時的生理排泄問題？最好的處理是做到「即時滿足，順其自然」，而非定時。

有些信奉行為主義的媽媽便是採定時──每隔幾個小時，可能是2個小時或3個小時，便想辦法讓寶寶小便──大、小便都是依時間表進行。這個方法是不可行的，當人沒有這方面的生理需求，強制對方依時間表行事，其實違背了自然界的「順其自然」規律。

依順其自然的原則，我們要成為一個什麼樣的媽媽？要做一個用心觀察孩子的媽媽。當孩子在大小便的時候，表情和動作一定會產生變化，細心的媽媽能夠在第一時間幫孩子做廁後處理，

父母教養便利貼：

在孩子沒有需求、沒有欲望的時候，大人就提前去滿足他，其實是打亂了孩子在哺乳期階段適應社會的練習。

幫他擦拭臀部、換上新的尿布，他就會感到很舒服，繼續接下來的活動。如果孩子感受到沒有人來馬上幫他做善後清潔工作，他會發出哭喊的聲音，臉部表情也會有較大的變化。媽媽藉由觀察孩子的表情、哭聲，大概就知道孩子八成是大小便了，接著馬上來清理。千萬不要為了省事方便或學習行為主義的育兒方針，按時間表執行，定時又定量定點。

在孩子沒有需求、沒有欲望的時候，大人就提前去滿足他，打亂了孩子在哺乳期階段適應社會的練習，因為孩子的欲望既是一種動力，也是形成需求與能不能被實現的良性迴圈。如果大人能觀注到孩子的需求，再給予滿足，這樣的節奏、頻率會有意義。最令人擔憂的是，大人在孩子形成心理迴圈的節奏、頻率時，完全忽略他的需求，依己見行事，變成一個控制型的媽媽。事實上，國際上對育兒學的研究與實驗，究竟什麼樣的方法、觀念才是正確的，並沒有一致的共識，也沒有一套獲得國際共同認同的育兒系統。

兒童心理發展 5 大階段

　　現今，有來自不同領域的育兒專家學者，從各自的專業角度來告訴父母如何育兒，各有各的道理。筆者倡導的這一套育兒學，係結合古今中外學理，並匯整大量的臨床案例整理而成，其建立於孩子身心健康發展的基礎上，以此為目標，綜合發展成一套廣深的育兒學，強調育兒須「順其自然」，當然這個主張是以科學依據為前提。

　　在人體生理方面，前文曾針對大腦的神經元、腦細胞神經元，包括神經的連接等做介紹。那麼，它是怎麼運作的？生理上的發展過程，我們要順應它。在心理上，也是有一個發展過程，比如說敏感期，其實也是從生理角度來講的。

　　在這裡，我們借鑒佛洛依德在精神分析學說提出來的理論，揭示了人類的行為背後，所潛藏的心理模式。依佛洛依德的精神分析論述，人是否健康，或長大以後是否會產生人格扭曲、罹患心理疾病，它取決於什麼呢？佛洛依德的解釋

是因為受到兩股本能的驅使所致，一個叫「性本能」，一個叫「攻擊本能」。如果在這兩方面能夠有正常的自然過渡轉換，不壓抑、不被打斷，當孩子長大以後，性本能和攻擊本能就能夠維持正常，心理自然會平衡正常。佛洛依德將兒童的心理發展概分為以下幾個階段：

第一個階段稱之為「口欲期（oral stage）」，約略是在寶寶1歲前。

第二個階段為「肛門期（anal stage）」，為1～3歲。

第三個階段，稱之為「性器期（phallic stage）」，也可稱之為「性蕾期」，蕾的意思是初期萌芽，約略是3～6歲期間。

父母教養便利貼：

嬰兒最早認知世界並不是通過耳朵去聽，也不是通過眼睛去看或通過手去觸摸，而是通過嘴來認知這個世界，包括認知自我。

佛洛依德的人格發展理論

從佛洛依德的角度來講，人的一切基本上都是由性本能來主導的。口欲期也是一種「性」，但這裡的「性」的意思不是說性行為，佛洛依德講的「性」本能是一種最原始的欲望，分為5大階段。

「口欲期」是指嬰兒從出生至哺乳期結束，最原始的欲望是集中在口腔。哺乳期結束到1歲左右的時候，這一股發自內心最深處的原始欲望，則轉移到了肛門這個區域，就叫「肛門期」。「肛門期」之後，欲望的聚集點又開始轉移到人類的生殖器，就叫「性器期」，但這個時候生殖器還不成熟，所以又叫「性雷期」，大概就是3歲到6歲左右。到了6歲左右的時候，力量就開始隱藏，這個就叫「潛伏期」，一直到11歲左右。潛伏期過了之後，才真正的進入到了生殖器期，身體第二性特徵開始萌芽呈現，大約出現在11

～13歲之間，是最後的生理及心理階段，邁入成人階段。這就是佛洛依德講的深層心理能量聚集點，也叫做「欲望」。

第四階段稱之為「潛伏期（latent stage）」，大約是介於6～11歲。

第五個階段稱之為「生殖期」。這個階段就是俗稱的「青春期」，每個人的發育情況不同，約略是從11歲到13歲開始，貫穿整個青春期，一直到18歲成人，孩子在這個階段，整個心理趨向於成熟了。

哺乳期，基本上是落在第一個階段的口欲期。另外，蒙特梭利提出的敏感期關鍵，從心理學角度來看也是落在口欲期。

寶寶剛出生以後，人的本能力量集中於口部。主要是因為求生存，當人一來到這個世界，我們要感知世界、求生存，於是本能力量便全集中在嘴部，也就口腔周圍。當本能力量集中在口

腔周圍，嘴的蠕動、吸吮，便能快速的找到母乳源頭。

這純粹是源自於本能力量，一種最原始、最本能的力量，也就是說當孩子在這個時候，他的所有興奮點都在嘴上面。由此可知，嬰兒最早認知世界並不是通過耳朵去聽，也不是通過眼睛去看或通過手去觸摸，而是通過嘴巴來認知這個世界，包括認知自我，這個時候就是口欲期，人類最原始的欲望也是源自於這裡。

咬住依戀物 留住媽媽的味道

兒童心理發展的第一階段，口欲期的發展過程中，既然原始欲望都來自於此，孩子最喜歡動的就是嘴巴，他會用嘴巴來感知這個世界。

面對第一個階段的孩子，父母應該如何因應

父母教養便利貼

大人如果在口欲期，全力制止孩子與依戀物的相處，反而會讓事態更形惡化，造成口欲期的過度時間延長。

呢？最重要的便是要充分滿足孩子在這個階段的需求，這個就叫順其自然。怎麼樣才算是充分滿足呢？

簡單地舉例說，當寶寶餓了的時候會自動吸吮母親的乳頭，但過了2、3個月以後，父母會發現孩子開始一點一點的吸自己的手指。

吸手指這個動作對孩子來說是有其意義的，寶寶並不知道五根手指頭是他，不知道這五個手指頭跟他有什麼關係，不像成年人知道手指頭是自己，也知道這個概念是如何形成。孩子把手伸出來，突然五根手指頭在眼前亂舞，手搗碰到嘴巴，而嘴部在口欲期集中大量的神經，大量的感官，口部在這個時期的感受是最強烈的。

當孩子無意間把手指伸到嘴裡，在吸吮或咬的過程中，他居然能感受到手是有知覺的，透過一次次的咬、吸吮，他產生不同的感受，於是他就很喜歡玩手指頭，在這個過程中慢慢地感悟：「原來這個是我。」為什麼？因為孩子咬指頭時，他有那種壓迫感，或感到疼痛。「我在吸手

指時，我有感覺，我不吸手指時沒有感覺。」就從自己玩手指頭，孩子知道這部分是屬於他的一部分。

吸手指行為是嬰兒在口欲期常見的一種行為，有些父母對此卻不贊同，認為孩子常常四處摸東西，把手伸進嘴裡，等於把細菌吃進肚子裡。但是對嬰兒來講，他腦袋裡是不存在著「乾淨與髒」的概念。建議作為父母的你，如果知道孩子就處於口欲期階段，在處理寶寶吸手指的問題，不是嚴格限制，而是將焦點放在週邊環境，儘量保持衛生、乾淨，經常擦拭他的雙手，即便是孩子把手伸入嘴裡，也確證他的手指是乾淨的不要打斷孩子把手指放入嘴裡的行為。

有的孩子在這個階段，會出現咬衣角或咬被角的舉動，這些都是他用嘴部來感知世界的過程。此時，父母不妨觀察一下那些被咬物件，如衣角、被角，甚至是某一個小玩具。

一般而言，那些被咬的物件都有共通點，孩子一拿到就不放手，如柔軟的、毛茸茸的動物造

型小玩具，或被角，孩子睡覺非得咬著被子一角才能入睡等。這些物件這些讓孩子愛不釋手的物件，稱之為「依戀物」，又叫「戀物情結」。

事實上，孩子在咬依戀物、抱著依戀物的過程中，他得到了一種安全感，同時這件依戀物在孩子心中也是「媽媽的替代品」。因為，媽媽不可能無時無刻在他身邊，即使是專職媽媽也無法24小時候在孩子身邊，於是孩子就需要有個可依戀的物件，而且這個物件必定有媽媽的味道。

聽起來令人匪夷所思，一個被角怎麼會有媽媽的味道呢？但是對孩子來說，他聞著媽媽的味道，再聞聞這個被角，他就能建立起了一種和媽媽之間的連接；同理，他堅持放在身邊的小玩具也是如此，依戀物就是孩子和媽媽之間的一個媒

父母教養便利貼

孩子處在口欲期階段，只要讓他的能量正常釋放出來，度過這段過渡期，接續下一個階段，他自然就會把這個依戀物放開了。

介，或者可以說是一個替代。

　　很多孩子拿著依戀物不放，甚至不讓大人送洗，親子之間常常為了同一件事拉扯著，孩子哭的要死要活的。所以，父母知道孩子的依戀心理以後，先不要焦慮，認定孩子拿一個小娃娃不放，也不接受更換新的，是一種不好的戀物癖，甚至可能有變態傾向的隱憂。

　　提醒父母們注意，一定要以正確的態度來看待依戀物，在口欲期的過程中，依戀物是非常重要的象徵物件，是媽媽的替代品，大人不要去搶奪、限制或者控制，讓事情順其自然發展，不要焦慮，擔心孩子長大以後成了戀物癖。

　　媽媽的焦慮是非必要的，因為孩子處在口欲期階段，只要讓他的能量正常釋放出來，度過這段過渡期，接續下一個階段，他自然就會把這個依戀物放開了。大人如果在口欲期，全力制止孩子與依戀物的相處，反而會讓事態更形惡化，造成口欲期的過渡時間延長。

　　我們也稱這是「過渡補償機制」。人，就是

這樣子，這就是人的一種發展過程，一個特性。在口欲期，該滿足孩子對嘴、對咬的需求，他沒有得到充分滿足，他會一輩子都在要，而且一輩子也滿足不了，永遠在他的心裡形成了一個空洞，一個無底洞。

有的人長大以後還啃著手指，咬著手，把指甲上啃的光禿了，甚至都流血了，仍無法自止地啃。會有這樣的情況，極大比例是在口欲期階段沒有得到滿足，長大以後才會出現這種過度補償的現象，值得父母們注意。

被剝奪依戀物的孩子，特別恐懼分離

口欲期沒有得到滿足的後續影響有多大呢？長大後還可能出現什麼行為呢？

除了啃手指，曾有件個案已經成家立業，仍舊放不下一個陪著他2、30年的娃娃，這一類行為稱之為「口欲期固結」人格，其實是一種人格扭曲。「口欲期固結」的人長大以後易呈現一種比較極端的狀態。

孩子如果在口欲期有過被剝奪依戀物的經

歷，長大以後對人的依賴感極強，特別恐懼分離。因為口欲期的依戀物就是媽媽的代表，一旦心理上的替代被剝奪了，他就會產生這種恐懼，以後他一輩子都害怕自己依賴的人事物被剝奪，如果一旦再被剝奪他就極其痛苦，又再次把小時候，他的依戀物被剝奪的創傷揭開來。成人以後，面對感情失敗的反應格外激烈，也是源自於幼時的創傷又被掀起來，才會導致他陷入到那種極其痛苦的狀態中。

常見於寶寶身上的吸吮手指行為，父母擔心孩子長大後不放手指吸一輩子，想盡辦法制止，打手、在手上塗上辣椒水或抹上芥末，讓孩子一吸入辣味，他就不敢再吸了。提醒父母千萬不要這樣做，這樣的做法會導致孩子在他正常的活動過程時心生恐懼，有很多孩子長大以後的恐懼感

父母教養便利貼：

孩子如果在口欲期有過被剝奪依戀物的經歷，長大以後對人的依賴感極強，特別恐懼分離。

就是源自於這個經歷。

更甚者，孩子也會建立這樣的心理連接：「我想要的時候，會被懲罰。」造成他長大以後不想要、不敢要，即使是有什麼想法、有什麼需求都不敢提出。

還有一種現象是，「口欲期固結」人在成人後會有抽煙問題。不論男女性長大以後只要一碰到煙便斷不開，手裡一天到晚夾著煙，怎麼戒都戒不掉。煙，對他來說就是一個依戀物的代表，嘴巴總得動著，嘴不動他便受不了，這個現象就是口欲期沒有得到充分滿足的後遺症。

如果這個人不抽吸煙的話，他該怎麼辦呢？如果沒有煙吸，他嘴裡面一定會嚼點東西，讓嘴巴持續動作，一直在吸，一直在嚼，如此一來才能緩解他內心的恐懼和壓抑。在臨床進行個案診治，有的人吸煙特別凶，一天需要兩、三包，不吸煙就改成嚼東西，通常看到這樣的個案問題，繼續深度追蹤根源，基本上都能找到他在口欲期被過度壓抑，人一旦受到壓抑，其實會有負面情緒產生，如緊張、恐懼，如果負面情緒在這個時

候被壓抑、推到內心深處，釋放不出來，那麼他成人後就會做出變態行為，這是「口欲期固結」人格的共通點。

負面情緒積多了，造就「口欲期固結」人格

當發現問題根源時，我們用老祖宗傳下來的方法，再回到口欲期去把他的壓抑心理、負面情緒、恐懼心理等，徹底地釋放出來，在現實中他馬上就對煙不感興趣了，這個是可逆的，一旦負面情緒獲得釋放，壓抑的能量也被釋放出來，他就能有所改變。

在生理、心理學方面，西方已經進行了大量的科學實驗，累積大量的資料和實驗結果，但是我們只截取了一部分，考量的便是這些結論、資料的可信度。除了癮君子之外，還有什麼行為的肇因也是源自於口欲期呢？酗酒行為便是另一個典型範例。酗酒的人即便不是喝酒，也是會動嘴，因為他控制不了自己做這個動作。為什麼會變成這樣子？其實有一部分原因是口欲期沒有得到充分滿足，其他諸如嗜吃，嘴巴不停的吃，停

不下嘴來，最後導致暴飲暴食，對吃的欲望特別強烈，控制不了。

種種脫序的行為，極大多數都是因為口欲期沒有得到充分滿足，在成年後慢慢發展至無法控制的局面，當然也不排除有其他原因造成了自我失控症狀。

如果口欲期階段，沒有讓孩子正常的自然過渡，沒有讓他自然釋放負面情緒，就有可能延伸至成人，進一步發展成「口欲期固結」的性格、行為。在性格上會怎麼被影響呢？在性格上傾向於自私、貪婪、害怕，怕得不到這個東西。說穿了，就是一種「分離恐懼症」，且受到貪婪的心驅使，認定所有東西都是我的、都往嘴裡送。因為在口欲期過渡階段，孩子就是把任何東西都往嘴裡放，微小東西往嘴裡放、手指往嘴裡放、被角往嘴裡放，跟媽媽在一起的時候，嘴也是咬著乳頭，即使是被爸爸抱著的時候也咬，這是為什麼呢？

嘴巴，是孩子探索這個世界的工具，凡是

能拿到手的都往嘴裡放，感受一下這世界的形狀、味道等，讓這個過程自然過去了，他就沒有這個心，他覺得他就安全了，口欲期就是安全感形成的一個重要過程。如果此時父母能做到讓他感到充分滿足，孩子的安全感建立起來，他就不貪了；如果此時父母一直都不滿足他，一直打斷他，他的心態就會朝向過度補償的方向發展，覺得自己永遠都得不到滿足，所以總得往嘴裡送、往嘴裡添東西，這個就是恐懼分離的現象。

所謂的餓鬼狀，他真的是餓嗎？事實上並不一定是餓，即使已經吃飽了，還是忍不住吃，因為在他心裡是落下了一個空洞，餓鬼心裡是個無底洞，貪錢也是無窮無盡的貪，即便已是億萬富翁還是汲汲汲營營的掙錢，就好比是心都已經吃飽了，怎麼還想吃呢？

父母教養便利貼：

口欲期階段，若沒有讓孩子正常的自然過渡、釋放負面情緒，有可能延伸至成人，發展成「口欲期固結」的性格、行為。

這就是一種貪婪無度的呈現。基於此，在口欲期，父母務必不要打斷孩子的需求，且要即時滿足。

孩子的安全感建立起來，長大以後他就能擁有簡單又富足的快樂生活。

他的欲望都是正常的、不貪心的，所謂的不貪，意思不一定就是視金錢如糞土，或是清心寡欲。進一步地說，他的心理狀態是正常的，吃飽了就停止進食，餓了再吃東西。對金錢的態度也是正面積極，收入足夠生活開銷，心就安了，依自己的能力能掙就儘量多掙一點存下來，若遇到無法工作沒有收入的時候，身邊也有一部分的存款，我心也安。

相對地，沒有安全感的人即使再富有，心理都不安，原因跟錢的數量沒有關係，這是一種心理上的缺失、心理空虛所致。提醒父母們，在哺乳期的心理發展階段，我們要注意順應孩子的階段性心理發展，別過度焦慮、恐懼，尤其不要剝奪他的依戀物，制止孩子吸吮手指，妨礙了孩

子用嘴感知這個世界，積極的配合孩子、與他互動，陪伴他順利完成這段探索世界的過渡期。

超前學習，提早開發？抑或是揠苗助長？

在心理的發展過程，口欲期是直接對應到孩子的各種行為，當父母對這一部分有所認識，一旦孩子出現各種行為，我們知道那不是扭曲、錯誤的行為，無需矯正，會隨著時間而消退，就會放下心，安心地陪著孩子度過這個階段。

這些相關知識作為父母的你一定要學，以免被誤導，做出不恰當的判斷。比如說，孩子吸手指頭、咬被角、離不開依戀物，若依行為主義的觀點，這些行為都不應該被鼓勵，且得強硬地制止、糾正孩子。然而，行為主義講究機械操作，不管孩子的心理感受，只從表面行為來評定好與壞，卻忘了人是有知覺、有感受的，有所恐懼的。依行為主義觀點帶出來的孩子，看似行為守規矩、自律，但心理狀態是不正常，極其痛苦，這就是人和動物的區別，也就是人與機械的區別。機械是沒有感受的，你怎麼去要求、做設

定，對方就依照指令執行，但人是不同的。

　　站在育兒角度，建議父母要摒棄行為主義流派的這套主張，其最原始的設定觀點便是不把人當人看待。

　　另外一個值得探討的問題是，孩子在這個時候開始有學習行為出現，如牙牙學語，開始可以抬起頭、開始有了爬行動作之類的。父母如何看待孩子這樣的行為？什麼時候開始教孩子說話？當孩子隱約有揚起頭的感覺，就是鍛鍊他抬頭、翻身的時侯嗎？什麼時候可以鍛鍊孩子學爬行？可以早一點實施嗎？換句話說，超前學習和順其自然，我們怎麼做選擇？這是個很重要的課題。現今很多父母在看待孩子的學習，傾向超前學習、超前教育，父母認為自己的孩子比別人早一點學，就會比別人早一點掌握學習內容，自然在

父母教養便利貼：

「超前」不代表著一定有好結果，甚至於可能帶來揠苗助長的反效果。

整體發展上也比別的孩子快，比別的孩子優秀。

　　超前學習的風潮愈演愈盛，當代的父母按照自己認定的想法來養育孩子，這是非常可悲又無知的事。對超前學習持肯定態度的父母認為，不論是超前教育孩子，讓孩子超前學習語言，超前學習各種知識，孩子未來可以更具競爭力，比如說別的孩子1歲學會爬行，有父母卻在寶寶5個月大時就開始教他爬，如此一來，不就是有利於他的身體或心理成長，甚至大腦開發的嗎？其實從醫學角度及兒童發育來看，寶寶那時的骨骼尚未發育到位，如此做只會造成傷害。因此從育兒角度看來，「超前」不代表著一定有好結果，甚至於可能帶來揠苗助長的反效果。

　　苗種在土裡，它是有它的規律的，需多少天才能長出芽來，多少天以後長出桿子來，多少天以後能夠成熟，而農夫什麼時候該收割，這一定是有其規律。如果用人為的方法，加快苗的生長速度，打破了自然規律，最終都會出現問題，因為人為的介入是不符合自然的發展規律。

孿生兄弟爬梯子的實驗證明，提早學習不可取

揠苗助長不可行，人也是一樣。正常來講，孩子在2歲左右開始學說話，我在孩子6個月大時就開始教他說話，比別人早了1年半，那就能早一點學習詩歌，早一點進入數數、英語的學習。由兩位美國的心理學家主導的一項實驗，實驗內容是一對孿生兄弟爬梯子。為什麼找孿生兄弟？一來因為孿生兄弟的年齡是一樣的，生長的環境極其相似。於是，我們發現孿生兄弟大概是在半歲，接近滿週歲時，他們就可以來回爬行，在房間裡到處爬。於是，在房間裡頭放入一個適合嬰兒攀爬的小梯子。不過，這對孿生兄弟還是在地板來回的爬，小梯子爬不上去。開始進行爬梯子實驗時，先把弟弟單獨留下來。在弟弟在48週，快要滿週週歲的時候，開始訓練弟弟爬梯子。

父母教養便利貼：

當孩子的生理還沒有成熟到那個階段時，他接受的提前訓練，其實對孩子在各個方面的學習，一點幫助都沒有，甚至還會起到反向的副作用。

　　弟弟每天有10分鐘的訓練課程，比如說手怎麼放，怎麼抓梯子，腳怎麼配合，哥哥則什麼都不教，該做什麼就做什麼。弟弟接受 6 週的訓練後，而哥哥仍舊沒有做任何訓練，從6周到第53周，哥哥加入爬梯子實驗，哥哥很快就學會了爬梯子。雖然弟弟一樣也會爬梯子，但是從來沒有人教過哥哥，哥哥也能爬梯子，兄弟倆人在梯子上上下下來回，又過了兩個星期，兄弟倆做爬梯子比賽，結果顯示孿生兄弟倆，弟弟雖然超前學習，卻一點也不比哥哥快，甚至哥哥在爬的過程中，手腳還比弟弟靈活、動作迅速。

　　美國心理學家就實驗結果進行討論分析，是什麼原因造成弟弟超前6個星期學習爬梯子，最後反倒是沒受過任何訓練的哥哥爬的比較快？之後，心理學家又進行了其他實驗，給他們分開做提前訓練，比如提前訓練1個月，練習拋球等訓練，從結果發現了一個規律，當孩子的生理還沒有成熟到那個階段時，他接受的提前訓練，其實對孩子在各個方面的學習，一點幫助都沒有，一點意義都沒有，甚至還會起到反向的副作用，給

孩子造成心理壓力，在心理留下陰影或者帶來傷害，並不可取。

　　從該實驗得到一個結論，當孩子的生理結構發育成熟時，站在生理成熟的基礎上，所有的學習和訓練才能夠取得最佳效果，這一點非常重要。現今有許多學霸型的父母，希望自己的孩子比別的孩子強，天天就是拿自己孩子跟別的孩子比：「別的孩子能抬頭了，我家孩子怎麼不能抬頭」「別的孩子開始爬了，開始翻身了，我的孩子怎麼不能翻身呢？」於是，父母就提前訓練孩子，形成一種焦慮症的表現。然而，每一個孩子都是一個獨立的個體，各自的發展階段不盡相同，不是所有的孩子都能在幾個月大的時候爬行，包括語言能力也是。孩子只要在一個允許的可塑範圍內，有他正常的自然發展，這才是自然

父母教養便利貼：

學會兒童的生理和心理發展規律，且順應這個規律，配合與協助孩子的需求，這樣才是合格又負責任的父母。

的一種現象、一種狀態，也就是所謂的「順其自然」，順應「其」自然。

當孩子的生理還沒有成熟到那個階段時，他接受的提前訓練，其實對孩子在各個方面的學習，一點幫助都沒有，一點意義都沒有，甚至還會起到反向的副作用。

超前學習既浪費，對孩子也是傷害

孩子只有在他自然要抬頭的時候，父母再協助他抬起頭來，當他開始想翻身的時候，自然就會做出相似的行為，大人便可以在初期從旁協助，來加強孩子的翻身訓練，千萬不要按照父母的要求提前去教育或提前去培訓孩子。超前學習不僅是一種浪費，同時對孩子也是一種傷害，為什麼呢？因為孩子的整個生理結構還沒有成熟，大人便要讓他做這件事，大人覺得很簡單，但是對孩子來講卻是很難的，他學不會就會造成自信心打擊，一種心理傷害，「我啥都不是，我都學不好。」

超前學習現象處處可見，比如說有的父母希

望孩子的起步比別人都早，如此一來，好像就搶在別的孩子前頭了。一般是3歲上幼兒園，因為3歲的孩子在生理機能、成熟度，包括心理發展階段，都來到了自我獨立的時候，

　　此時才適合進入幼兒園跟其他同齡小朋友一起玩，一起接受社會規範、社會的群體教育，適應群體生活。但有的父母卻堅持把兩歲孩子送進幼兒園，不足齡的孩子在生理、心理成長都還沒到進入群體生活的階段，當他進入幼稚園時就會產生極大恐懼，這便是揠苗助長，超前入學只會對孩子造成負面的影響。

　　同樣地，正常來講，7歲孩子上小學，但是有的父母讓5歲半孩子上小學，甚至5歲入學，大人可能覺得孩子比其他同齡人早兩年或早1年入學，孩子長大以後也比同齡人早跨出一步了。但是，在教學現場的真實狀況是，提早入學的孩子在學習上往往都特別吃力跟不上，老師在教數學演算時，7歲的孩子很輕鬆就能學會，但是5歲的孩子就是理解不了。原因是因為孩子的資質不好，無

法跟上學習進度嗎？不是。因為5歲的孩子的生理結構發展，根本就不是理解數學邏輯的階段，孩子的生理上都沒有成熟就直接涉及數學邏輯，這樣的作法是在害孩子。

提早入學的孩子，他的心智一般是不成熟，這一點當他跟年紀比他大的孩子在一起尤其顯注，5歲孩子和7歲孩子差距相當大，6歲孩子和7歲孩子雖然年紀相差一年，兩者的心智成熟度差距就相當大了。孩子早入學不論是跟人家說話也好，做事也好，學習也好，他都無法做到同步，許多父母就這麼把孩子給害了，包括一些資優班的專修，當中不乏小小年紀10來歲孩子，也有令人驚才絕艷的小少年，才11、12歲就進入大學的少年班，開始進行各種專為天才開設的特殊教育課程學習。

最終，這些精英孩子的發展如何？以資優班為例，那些當時被喻為天才的孩子長大以後，各種心理問題、各種對社會生活的不適應問題層出不窮。儘管他們在某些領域擁有少見的天賦，不

斷地揠苗助長的結果，最後特殊領域人才可能淪落至連自理都難的窘境，無法適應社會生活，建功立業何其困難。

所謂的功成名就，那是在什麼情況下才能得償夙願？必定是個人的整個綜合素質、智商、情商，樣樣都得具備，包含忍耐力、自律的條件缺一不可。如此，才會形成一個人的綜合素質，才會形成最後的成果。它是一個綜合評量的結果，而不是單一方面的長項。

同理，孩子在 2、3 歲時會說話，開始背詩歌、學數學、學英語，這些都是屬於揠苗助長的操作。如果孩子還沒到學習某事的那個年齡階段，大人硬性的讓孩子提前加入，或參與課堂學習，此舉對孩子只有傷害，而這種傷害也會在他今後的成長過程，一再呈現出來。

提前給孩子進行各種教育的父母，就是合格的父母？負責任的父母嗎？父母首先要學會兒童的生理和心理發展規律，然後順應這個規律，配合與協助孩子的需求，這樣才是合格又負責任的父母。

第四章
兒童成長循序漸進，讓清晨陽光叫孩子起床！

孩子的成長有如果實，希望果子豐滿而非早熟，

味道甜美而非青澀，

那麼教育不應該走在孩子的生理機能成熟之前，

更不要走在心理成熟之前，

厚積而薄發，大器晚成，自古以來皆然。

睡眠時間關係到褪黑激素分泌，怎麼才能讓孩子睡得好？

為什麼孩子的睡眠環境必須清淨？

是孩子怕黑？還是大人對黑暗感到恐懼？

就讓清晨的陽光成為孩子調整生理時鐘的助力吧！

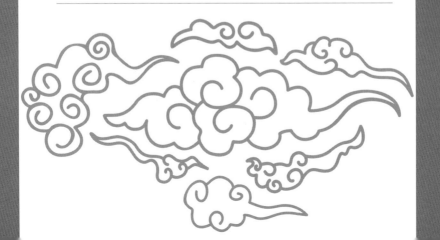

大器晚成，少年得志便猖狂

藉由心理學實驗，我們知道隨著孩子的生理、心理發展會有與之相對應的階段行為，然後父母就做那個階段應該做的事。

其實，古人也瞭解這種情況，尤其中華民族的先祖特別強調順其自然，不違背自然規律，先祖留傳下來的教養觀點，也成為育兒學的基礎，在不違背自然規律的前提下，到什麼階段教什麼東西，絕不提前去做。所謂的少年天才培育，強調的是德才須兼備，所以太早也不好。以3歲孩子的教養，這個時候正好是他形成禮儀規範的過程中，所以教孩子家規，他應該可以理解接受，能學的好。

西方的教養觀也是如此，英國著名的教育學者盧梭曾經有過這麼一段話：「大自然希望兒童在成人以前，就要像個兒童的樣子。」這段話是什麼意思呢？簡單地說，人在什麼年紀，就做那個年紀該做的事，成為那個年紀應該有的樣子，

別把時間點提前。如果父母打亂了成長次序，就會造成所謂的果實早熟。早熟的果子，外觀既不豐滿，味道也不會甜美，甚至可能會提前腐爛。話雖如此，現在的教育體制反倒是往這個方向走，現在社會對那些年紀輕輕取得博士學位的人、年紀輕輕的成功者特別推崇，其在心智都不成熟的前提下獲得高成就，是否就是成功？或許只是巧合而已。

事實顯示，年紀輕輕的成功者的結局往往是出乎人意料之外，能夠堅持到最後的人數並不如預期。從中華文化的「道」來講，主要都強調大器晚成，真正的成功者需要積累，包括知識、人生閱歷、人脈、工作經歷等都需要深度的積累，所以古人特別忌諱的就是少年得志，少年得志便

父母教養便利貼：

所謂的順其自然，是當孩子呈現某些行為狀態時，說明他已經成熟了，父母應配合他、訓練他，這樣才能取得最佳的效果。

猖狂，因為他積累的時間不夠長、內容不夠豐富。畢竟任何一棵果樹，我們都不希望果樹早早開花結果，別的樹沒結，而它卻已結實累累。果子就像盧梭所說的一樣，提早開花結果，那果子不一定是豐滿的，不一定是甜美的，而且極有可能提前爛掉，同樣的道理也適用於教養孩子。

在兒童教育方面也有一個非常重要的定律，也就是人們常說的順其自然。當孩子的生理機能已經成熟到那個地步，再來進行培訓、教育，這樣才能起到最好的、最佳的效果。教育不應該走在孩子的生理機能之前，更不要走在心理成熟的前面，在哺乳期的媽媽尤其須注意這個問題。

提醒父母們，所謂的順其自然，並不是什麼都不管，而是當孩子呈現某些行為狀態時，說明他已經成熟了，如孩子抬頭、翻身，或是在練習爬行，父母的功課便是在孩子某些生理機能初萌芽，配合他、訓練他，這樣才能取得最佳的效果，而非雙手一攤，什麼都不管。放縱、什麼都不管對孩子也是一種傷害，他是需要大人的協

助，重點是父母要掌握提供協助的時間。

給孩子一個安靜、幽黑的睡眠環境

這個問題涉及到哺乳期孩子的各種行為，包括年紀再大一點的孩子出現各種社會性的功能時，父母容易搞不清楚怎麼應對。在這裡，我們再次強調，哺乳期孩子不外乎是吃喝拉撒睡，還有一些行為、行動，父母可以從孩子的睡眠方面著手，他有沒有正確的睡、正常的醒。

哺乳期的孩子吃飽了以後，不外乎就是睡。孩子在這個階段有很長時間都在睡覺，睡醒了玩耍，玩耍的時間可能比睡眠時間要短。如何確保孩子的睡眠品質？有三點須特別留意，一是孩子的睡眠環境必須清淨，就是安靜，沒有噪音干擾；其二是孩子的睡眠環境儘量安排在黑暗處，避免燈光的干擾；最後，要讓孩子能夠感受到清晨的陽光。

幼齡孩子對聲音其實很敏感，他還沒有適應外部的聲音，各種嘈雜的聲音對他的影響很大。成人的聽覺已經習慣、適應各種聲音，而且大腦

還會自動過濾由耳朵傳遞而來的聲音，因此成人集中精力做某件事的時候，聽不見外面的聲音，睡覺時也聽不見外頭的聲音。但孩子對聲音的感受與成人截然不同，所以在他睡覺時應儘量保持安靜，這一點很重要。

為什麼要給孩子一個幽黑的睡眠環境呢？人類在電燈未發明前，便習慣在黑暗中進入睡眠模式，天亮了就有光，但只要太陽一下山，整個世界都處在一片黑暗當中，人類的作息活動已做了調整來適應黑暗環境。尤其是在黑暗中入睡，也是有一個很重要的考量，因為我們人體的成長激素有一種叫褪黑色素，也稱褪黑素，其作用就是抑制人體的過度成長。成長一定是在合理度的前提下協調進行，過度的成長是不行，該什麼時候長到什麼樣子，就長到什麼樣子，這樣才是最適

父母教養便利貼：

長的愈高愈好？那可不行，心臟可能受不了全身的氣血運行。

切的成長進程。

過度的成長會給身心帶來了巨大負擔，會使人早衰，甚至會催發人體某方面的早熟，如性方面早熟，早熟意謂著提早進入衰退，其實對成長不好。人的成長過程中，有一方面是成長的動力，另一方面是意志的力量，這個意志的力量便是由黑激素，褪黑色素來支配。

人不能過度成長，如身高一下竄升至200公分，再往上長至250公分，長的愈高愈好，愈成長愈好？那可不行，心臟受不了全身的氣血運行。回歸正常的生長，不論是160公分、170公分、178公分⋯⋯，身高過度長至200公分以上，心臟負荷是不是就非常的重？包括人的神經、整個血管遍布都會因此受到影響。不一定是好事，可能直接影響到我們的壽命，我們的心智都會受到影響。

褪黑激素分泌少，催發孩子早熟

褪黑激素是如何產生的？是在黑暗中才能產生。人體如果一直處在有光的環境，只要有光，

褪黑激素就無法充分的分泌。

　　一般來說，人體大概是晚上9點鐘左右開始分泌褪黑激素，孩子的狀況更明顯，小嬰兒也是如此。但是，褪黑激素真正的大量分泌又是在幾歲呢？基本上，是介於2歲半至5歲之間，這時期褪黑激素是分泌量的巔峰，2歲半、3歲～5歲的幼童的睡眠時間特別得注意。

　　其實，在胎兒期、哺乳期階段，父母就得注意這個問題了。孩子睡覺時最好給他一個單獨的房間，而且讓他在黑暗的狀態下安靜睡覺，尤其是晚上更要格外注意。在舊社會時並不存在電燈，也沒有電視等，外頭天一黑了，家裡支個小油燈無所謂，油燈也沒有電燈的亮度，因此以前根本不用學習有關睡眠與教養的知識，但現在必須得學，還得恢復到原始的自然狀態，對孩子的發展、發育才最有利。

　　現今的居家生活常態是，父母習慣把孩子帶在身邊睡覺，自己一邊看著電視，電視發出來的機械式聲音和人聲是不同的，對孩子的睡眠其實

是一種極大的干擾。

孩子聽到這種機械式聲音是很不舒服的。大人自己聆聽音響的高音、低音，會感受到聲音的震撼張力，但孩子的耳朵可受不了，他是非常煩躁、是恐懼的。電視螢幕的亮度則是另一種干擾，午夜12點、凌晨1點，父母一邊看著電視，一邊看著孩子在一旁睡覺、拍著他入睡，這對孩子是有影響的。

大人要看電視可以到客廳，把孩子留在小房間裡睡覺。孩子的睡眠狀況，從嬰兒時期便要留意了，睡眠環境要保持黑暗，不要開著燈。大人往往擔心把孩子留在黑暗處，他會感到害怕，其實是大人害怕，不是孩子害怕，孩子在未出生前，天天在母親的子宮裡數個月，早已習慣黑暗環境，他在黑暗中才有安全感。對此存有疑問的大人，通常本身便不習慣黑暗環境，有時候關燈後不敢睡覺，大人不能因為自己的恐懼，就讓孩子在燈光下睡覺，孩子以後會有早熟的問題，褪黑激素分泌的少直接影響到孩子的發育。

以女生為例，現今有好多的小女孩才10歲左右，第二生理期就來了，整個身體就開始過度發育，呈現性早熟狀態。小男孩的情況也相同，性早熟對孩子沒有好處，對他身心就是一種傷害。為什麼一定要讓孩子感受到清晨的陽光，數十萬年、數百萬年以來，人類一代一代的生活在地球上，和大自然已經完全的融為一體，完全適應大自然了。只是，近一、兩百年，現代社會的人造東西太多了，我們反而遠離大自然了。

　　但是，我們的生理結構、心理發育，一切依舊符合大自然規律，完全適應大自然，擁有一整套與大自然同步的生命週期及節奏，我們就叫生命的節律。其非常符合大自然的發展過程，而且對人體健康來講是非常重要的。如果生命節律被

父母教養便利貼：

讓孩子在燈光下睡覺，孩子以後會有早熟的問題，褪黑激素分泌的少，直接影響到孩子的發育。

打亂了，人體很容易生出各種疾病，包括心理問題都會出現。我們要如何保持原始的、本能的自然生命節律？非常重要的一點就是清晨的陽光，要讓你的孩子感受到清晨第一縷陽光。

現代人已經不講究這個了，甚至是討厭或害怕陽光。現代人的生活傾向夜生活，晚上11點、12點，甚至過了凌晨1點都還沒睡，於是隔天早上就要睡懶覺，早晨的太陽都老高了，也不想起來。害怕被打擾怎麼辦？把窗簾掛的嚴實的，材質特別選用具遮光性，成人有這樣的生活節奏就是打亂自己的生命節律。如果生活作息時間不能呼應四季的變化，呼應四季的意思就是和自然保持同步，那麼你就是在毀壞自己。

現代人很多有心理問題、健康問題，或是各種奇奇怪怪的病，為什麼現在8、90％的人都是處於亞健康狀態呢？回頭看看個人的作息時間，能做到「日出而作，日落而息」嗎？能做到又有幾個？如果從人的生長規律、從健康角度來看，電燈這項發明是禍害。

讓陽光自動調整孩子的生理時鐘

電燈的發明加速人類文明的演進，同樣也影響了人的健康維持，這個觀點肯定會招來絕大多數人的反對，不過筆者是從人的健康角度來看待這項科技發明，但從現在社會的發展來講，因為有了電燈的幫助，人們的工作時間就可以無限延長，甚至於24小時工作，全日工作的狀態在電燈未發明以前是行不通。沒有電燈，太陽一下山，人們就得停工休息，不休息還能做什麼？摸著黑，當然就只能睡覺，這是人類幾百萬，甚至幾千萬年以來的生活模式，但現在因為電燈、電力的出現，連帶地人的整個作息時間全改變了。

太陽下山的時候，正是工作繁忙的時候，

父母教養便利貼：

孩子其實不是被大人叫醒，不是被鬧鐘鬧醒，是清晨第一縷陽光把孩子喚醒。

正是夜生活開始的時候，一直到半夜1點、2點不睡覺，或者工作到凌晨不睡覺，早上自然離不開床，這樣是符合自然規律嗎？不符合自然規律。作息時間不能符合大自然規律，不就是自我毀滅？現在人為什麼處於亞健康狀態？因為吃進肚子裡的食物都不是自然生長。什麼叫做自然生長？豬隻的正常生長是一年；換句話說，在春天養一頭小豬，等到冬天、要過新年了，豬隻養熟了，時間正好是一年。

現在一頭豬養在養豬場多長時間？2、3個月便要出欄了。約莫2、300公斤大就可以出售，經由市場直接分送至各家餐桌。豬隻被餵食各種飼料，被打各種激素，那是正常的生長狀態嗎？同樣地，飼養雞隻在自然情況正常生長，也差不多要1年時間，現在肯德基雞所使用的雞肉，飼養期又多長呢？

養殖環境是天天見不著陽光，雞隻也跑不了，雞群長在大籠子裡面，雞農用紫外線等照牠們，加上各種激素的刺激生長，這些都是違反自

然定律。我們食用的蔬菜都是反季節的蔬菜，這也是為什麼現代人易有病纏身的原因。身邊周遭充斥著不自然的物品、食物，現代社會愈現代化，人們離自然愈遠，人就是在放縱自己，走向自我毀滅之路。

試想，從有人類出現以來，人類一直都是跟大自然在一起，我們不破壞它的規律，順應它的規律。但是自從工業革命後，整個人類社會起了翻天覆地變化，美其名曰是戰勝自然。能戰勝什麼呢？最後的惡果一定是由人類自己來承擔。

現代人做不到日落而息，太陽下山、天黑不黑跟我沒關係。因為天黑了，房間裡面、房子外面還是大亮，愈是發達地區愈是這樣的情景，現在只有一些邊遠山區最窮困、最原始的農家，或是住在山裡的人家，他們還能做到天亮了就起床，城裡有幾人能做到？

但是，孩子是未來的希望，我們應該如何養育下一代呢？記住一點，要符合自然規律。孩子的作息時間、孩子的睡眠，要符合自然規律，怎

麼樣才能跟自然同步，和大自然有一個同步的生命節律？

感受清晨第一縷陽光非常重要！

人的身體節律是有生理時鐘，怎麼做調節呢？根據陽光來調節。當清晨第一縷陽光照射到身上，我就能感受到光，感受到了溫度，我被清晨的第一縷陽光喚醒。在這個時候醒了，你和大自然是同步的。基於此，孩子其實不被大人叫醒，不是被鬧鐘鬧醒，是清晨第一縷陽光把孩子喚醒。這是孩子調整生理時鐘的重要條件，與宇宙自然擁有相同的生命節律，一旦他的生命節律與自然同步，疾病自然遠離，大步開展屬於孩子的璀璨人生。

第五章
掌握孩子 0 ～ 6 歲的語言發展黃金期

俗話說：「大雞晚啼」是真的嗎？

基本上，孩子在 0 ～ 6 歲時為語言發展的一段黃金關鍵期。

而語言發展有其一定的里程碑，

但面對每位孩子的語言發展時程都不一樣，

身為父母的你，又要怎樣觀察及判斷這樣發展是正常的？

才不會在面對孩子成長過程中，產生不必要的焦慮及恐慌呢？

0～6個月大的嬰兒對語言及聲音的理解

身為媽媽大概心裡多半有數，孩子到了什麼階段時，身心發展就應該達到一個什麼樣的正常狀態，當心裡有數了以後，面對孩子的成長就不會焦慮了。因此這一章節開始，主要講嬰兒出生後的行為能力發展過程，主要分為語言及動作，而後者則包括了翻、坐、爬、站，以及行走等。因此先來看看關於兒童的語言發展行為。

從兒童的發展過程來看，0~6歲是語言發展的關鍵期。

嬰兒在剛出生的時候，比如說出生半個月或者1個月左右，對聲音是有一些反應的，像是有人在說話的時候，或者有人一而再，再而三的叫他名字的時候，嬰兒的頭是會去尋找聲音的來源，並轉向說話的人。

父母教養便利貼：

從兒童發展過程來看，0～6歲是語言發展的關鍵期。

當嬰兒5個月左右的時候，雖然對語言的理解力還沒有辦法跟上，但是會對聲源來源、方向會做出正確判斷，比如說有鈴聲響起，嬰兒的臉就會往這個方向轉去。

而當嬰兒出生6個月大時，他的語言理解會進入一個狀態，一個是會尋找聲音的來源，其次就是對聲音可以作出反應，什麼反應呢？主要就是以哭聲或者笑聲來表達他的需求。

就像前面講到哺乳期的孩子，會以哭聲表達自己的需求，可能是肚子餓、需要安撫或是身體不適等。還有0~6個月大的孩子當媽媽跟他玩的時候，他的願望得到滿足的時候，也會開心的「咯咯」笑出來。其實，孩子大約1~2個月開始，大多數都會發出咕咕聲。大約從3個月開始，會產生一連串的咕咕聲，就連不曾聽過的聲音也會練習，這時期的語音是大多是自發性的。

6個月以後的兒童語言發展以模仿為主

至於6個月大到1歲以前的兒童，在語言發展上，又有什麼反應？以及概括的行為發生呢？

6個月以後的兒童開始會對自己的名字有反應，特別是有人叫他的名字時會十分敏感並產生行為反應。而且他能夠明白比較簡單的手勢，像是搖手是代表「不好」、揮揮手是代表「再見、拜拜」、連續性拍手是表示「好棒」等這類很簡單的手勢。這個時候的兒童語言能力主要集中在「觀察」與「模仿」，例如會觀察大人的口型，然後模仿起來，並且能明白一些簡單的手勢，畢竟手勢也是一種語言，一種肢體的語言，也會用手勢或動作進行簡單溝通，例如，指東西、點頭、搖頭，或是透過跟媽媽的互動表情、手勢等變化，嬰兒能知道好、壞、可以、不可以等意思表達。

　　同時6個月的孩子可以用聲音叫人，引來注意，並在1歲左右可以有一些簡單的詞，像是呼喊

父母教養便利貼：

6個月大到1歲以前的兒童語言能力主要集中在「觀察」與「模仿」。

「媽媽」、「爸爸」，吸引注意。甚至1歲以內的孩子可以用一些基本的手勢來表達需要，比如說他想玩的時候，會用手指指著玩具，這意謂著孩子的手腦協調這個功能其實已經開始運作了。

另外，我們剛才講到這階段的孩子會以模仿為主，會模仿各種不同的聲音，像是看大人在說話時，喉嚨裡中就會發出一些咕咕的聲音，如果是一些簡單的狀語詞，例如媽媽、爸爸等，會發出來聲音來。基本上，1歲以內的嬰兒在語言的理解和表達上，主要是體現在這一方面。

雙詞組合為1～2歲兒童的語言表達能力

1～2歲之間是兒童初步語言形成的一個最基本的階段，他已經能理解一些熟悉的基本動作和詞彙，比如說坐下、站立、去睡覺、穿鞋子，或者是抱抱等，而且也已經能辨認並指出一些常見的物件和人物，例如會用手指球、狗等，甚至指出誰是爸爸、誰是媽媽或爺爺、奶奶等每天與他一起生活的家人。

尤其是這個階段的孩子已經開始學習爬、坐、站立等行為，而且已經能夠做一些基本的辨

認。所以當他有需求時，就會先指出來，然後以其能力進行動作，舉例說明當1～2歲兒童指出來想要這個球，接著他就會往前爬至觸碰到球為止。另外，他能辨認或指出比較熟悉的身體部位，比如說父母可以對1～2歲的孩子說：「耳朵在哪？鼻子在哪？」他就會指出耳朵、鼻子、眼睛、嘴巴這些簡單的詞彙。甚至年紀再大一點點，還能夠用語言來表達自己熟悉的身體部位，媽媽一指腳，他就會知道這是腳，然後指眼睛、鼻子、嘴……。同時，他也會用聲音或用簡單字詞，搭配簡單的手勢動作來反映他的需要。

或許有些家長會反應，孩子有時會在嘴裡用一種近似叨叨咕咕的方式，講一些令大人也聽不清「他想要說些什麼？」的話語，但其實這時候的他正在練習「講話」，只是用他自己聽得懂的語言，直接跟大人們表達交流。這時，身邊的大人最好不要阻止他「講話」，因為這只是一個「用語言表達近似語」的過程。如此一來，孩子他才能一點一點的開始掌握一些單字，比如要走、要玩、要抱等，另外這時候的小孩也能使用一些

昵稱來稱呼自己以及熟悉的人物，開啟他最基本的語言表達。

其實這時候的孩子還有一個特徵就是能進行一些簡單的雙詞組合，什麼叫「雙詞」？就是能把兩個詞結合一起，比如說「我要」＋「吃奶奶」＝「我要吃奶奶」，或者說出「貓玩」，多指「我們跟貓咪一起玩」等，這些都是孩子在兩歲之前的語言表現。

孩子的語言能力因為個體的不同，尤其是在哺乳期的時候，如果媽媽和孩子之間互動多，他腦神經連接就會加強密集，孩子的模仿力就特別強，語言能力可能就會比同期小孩更早一點，甚至表達能力也會更好一點。

父母教養便利貼：

在哺乳期的時候，如果媽媽和孩子之間互動多，他腦神經連接就會加強密集，孩子的模仿力就特別強，語言能力可能就會比同期小孩更好一點。

2～3歲兒童能簡單發問及理解空間、方向語詞

　　2～3歲左右，孩子的語言啟蒙期算是結束了，因此整個語言的理解和表達能力都大幅增強。基本上來講，這時候的孩子能夠理解兩個元素的指令，什麼叫「兩個元素指令」呢？比如說他能理解媽媽發出指令：「把小盒裡的球拿出來」，這就兩個元素──有「小盒」、「球拿出來」，2～3歲的孩子聽到後，就能按照這個指令去做，這就是語言的理解能力。

　　其次，這時候的孩子能夠明白並且回答簡單的問題。比如說媽媽會問他：「你要去哪裡？」他會指著外面說：「我去玩」、「我要玩」等，或者能表達出自己的意見，如「有」、「沒有」、「要」、「不要」這些簡單的語詞，並做簡單的初步溝通了。另外，也能理解明白一些空間及方向的概念，比如說上、下、左、右、前、後、裡、外等。至於2～3歲兒童的語言表達方面，會出現下面這幾種狀態：首先就是他可以運用不同的「雙動詞」的片語組合，比如說「媽媽玩」、「去公園」，代表的意思是：「媽媽，我想去公

園玩。」這種就叫「雙動詞」的片語組合。有時甚至會有三個詞，像是「媽媽玩」、「去公園」、「找奶奶」，代表的意思是：「媽媽，我想去公園，找奶奶玩。」這對對大人來講，是多簡單的對話語詞，怎麼能不會呢？但對於3歲左右的小孩來說卻不容易，因為就他那時的智力而言，單字、雙詞、三詞的語言表達能力來講，可是一段飛躍的過程，必須透過每天一點一點的練習，才能達到這樣一個程度。

另外，在3歲以內的孩子已經會運用一些狀態語詞，比如說否定詞、代名詞、時態用語。否定詞有「我不要」、「沒有糖」、「不甜」等；代名詞則是用「你我他」來表示，像是「我不要」、「你出去」。還有一些時態用詞，比如說「快」、「慢」、「著急」等，甚至也已經會發

父母教養便利貼：

在3歲以內的孩子已經會運用一些狀態語詞，比如說否定詞、代名詞、時態用語。

問，並且跟媽媽或家人簡單溝通了，例如跟奶奶打電話的時候會問「什麼時候來？」、「快來！快來！」、「這是哪兒？」等。

3～4歲孩子能簡單溝通，愛問「為什麼」

兒童在3～4歲開始做初步簡單溝通是沒有問題的，因為此時的他能夠理解3～4個元素指令及概念詞彙，比如說顏色、長短、形狀、數量，多少……，基本上孩子都已經可以理解了，甚至一些疑問句型，比如誰、多少、為什麼、怎麼……來從事最基本的語言交流溝通都能做到。用這些元素指令及概念詞彙，3～4歲的孩子就能說一些複雜的語句了，並能夠清晰的表達自己的想法，比如會運用大小、顏色這些字詞來形容人事物。另外，也會運用動詞及連接詞，比如「跟你」、

父母教養便利貼：

3～4歲的孩子能說一些複雜的語句了，能夠清晰地表達自己的想法。

「以後」等。甚至這些3～4歲的孩子學會了一些發問詞之後，就會非常喜歡問問題：「為什麼太陽公公在天上？」、「為什麼我才3歲？」、「為什麼我從媽媽肚子裡出來？」……。你問為什麼？孩子就喜歡啊！這也表示當孩子3～4歲時，語言發展已經可以進行簡單的溝通了。

4～5歲孩子講話像小大人

　　4～5歲的孩子已經能從事正常的日常溝通，像是媽媽跟他說話，基本上都能夠理解。除了太複雜的專業性語詞無法認知外，但日常的溝通是沒有問題的。

　　從語言表達這方面來講，這時期的孩子可以描述過去的事情，甚至還可以講述自己的經驗。而且基本上，一般孩子會在3歲以後上幼稚園，剛開始家人問他在幼稚園上些什麼或學些什麼，很多孩子會回答不出來。但是4～5歲的孩子從幼稚園回來後，就會主動講一些班上的事情了，不僅能描述幼稚園遇到的人，以及發生的事情外，甚至能描述一些日常常識及因果關係事件。

4～5歲的孩子已經可以跟大人交流聊事情了，也能排列組織語詞和恰當的描述，甚至可以從事連續性的語詞說明，比如說利用圖卡或繪本跟你講故事，而且他的語言是有邏輯性，甚至他還能運用一些排比句，或是「比如說」、「雖然…但是…」等句法。基本上當孩子上幼稚園中班時，講話就跟小大人似的──說話有條理了，有邏輯了，可以描述這個人事物了，甚至還可以做出一些總結性的經驗，這表示4～5歲的孩子在交流表達以及語言理解能力都沒有問題了。

5～6歲孩子語言發展已相對成熟

　　5～6歲的孩子基本上已經能夠理解被動句，也能夠理解故事的內容，還能進行一些簡單的推理。也就是說，當父母給孩子講故事的時候，他

父母教養便利貼：

4～5歲的孩子已經可以跟大人交流聊事情了，也能排列組織語詞和恰當的描述。

不但能完全理解外，甚至還能根據父母給的故事內容，以及故事情節的發展，去推理前因後果，比如為什麼會這樣呢？是怎麼造成這個結果？甚至還會直接回過頭來跟父母描述。這就表示這個階段的孩子對於前後的時間觀念更加明確了。

在語言表達角度來講，到5～6歲的時候，孩子的語言發展已經相對成熟了，能夠把日常的一些事情井然有序的描述出來，有時還會帶點邏輯性推理。所以孩子到6歲左右，語言發展算是已接近於成熟了。以上就是孩子在語言發展的整個經歷及過程。

在哺乳期親子互動多，孩子語言發展愈好

由此可知，若要在孩子的語言發展過程中能夠有更好的發展，更好的表達能力，其實在哺乳

父母教養便利貼：

5～6歲的孩子基本上已經能夠理解被動句，也能夠理解故事的內容，還能進行一些簡單的推理。

期的時候，爸爸、媽媽和孩子之間的互動就非常的重要，比如爸爸、媽媽要經常跟孩子說話，要逗逗他，並開始用一些簡單且重複性的發音，比如說寶寶乖乖、寶寶睡覺覺等這些來引起孩子的注意，讓他觀察父母的口型，讓他去模仿。換句話說，就是大人跟孩子互動的愈多，他模仿的愈好，模仿力愈強，這個孩子長大以後的語言能力就愈強大，連同表達能力也會愈強。

語言，其實叫「溝通」，不僅僅是要用嘴來說話，更重要的是臉上的表情配合。想想看，臉上表情為什麼有的人特別僵硬，有的人就特別豐富多彩？而且觀察看看，這些豐富多彩的人是不是他的眼睛也很會說話呢？相對的，表情僵硬的人他的眼睛也比較不靈活。為什麼呢？這就是因為在哺乳期的時候，孩子和媽媽的互動有多少，就起了決定性的作用。

語言是一種表達，但是它不是唯一的表達方式，其實背後還帶著眼神的交流，面部表情的豐富與否，這個都是從哺乳期的時候，媽媽和孩子

互動當中而來的。

　　大概知道孩子普遍性的語言發展過程，我們也要知道有些孩子的語言發展不盡相同，比如說有人會早一點，也有人會晚一點，其實問題都不大，身為父母不用太過焦慮。接下來，再進入到孩子行為發展的歷程。

父母教養便利貼：

要知道有些孩子的語言發展不盡相同，比如說有人會早一點，也有人會晚一點，其實問題都不大，身為父母不用太過焦慮。

134

第六章
重視0～1歲孩子的5大動作發展

孩子0～1歲時期是成長過程變化最大的階段，

除了身高與體重，

1歲前的孩子會經歷極為重要的

「翻身、坐、爬、站、走」等動作發展。

針對這5大動作，其發展時間與行為模式為何？

有哪些重點是父母必須注意的？

觀察幼兒發展最明顯的 5 大動作重要性

以０～１歲嬰兒來講，在哺乳期這個階段，其實是他成長過程中變化最大的一個階段。

這個階段除了身高、體重會產生巨大的變化，比如說從一剛出生時的2000～3000公克，等到了１歲時體重會增加至出生的３倍左右；嬰兒出生時身高平均50公分左右，１歲時會長到約75公分。

另外，就是嬰兒的翻身、坐、爬、站、走，這５大動作發展在此時也是非常重要。像是小嬰兒在頭３個月的時候，就發展至可以抬頭了，這跟他剛出生時躺在嬰兒床上整個頭動不了，有很大的區別。為什麼頭會動不了呢？因為小嬰兒的脊柱、脊神經沒有辦法受力，呈現柔軟狀態，因此動不了。一直到小嬰兒３個月大的時候，他的脊神經包括脊柱開始可以受力了，就可以一點一點的抬頭了。

等到小嬰兒發展至３～４個月左右，就會嘗試著自己翻身了。翻身或許對大人來講很簡單，

但是對小寶寶展來講不簡單，因為要做這個動作需要全身的肌肉配合，還需要脊柱更有力量，才能學習翻身。

到了5～6個月的時候，孩子就可以坐起來了。那什麼時候小寶寶開始爬行呢？大約是7～8個月左右，小寶寶開始學習爬行探索，因此爬行對於孩子的發育來說，真的是非常重要的一個階段。

大約在孩子9～10個月大的時候，腿部開始有一點點力量，小寶寶就會開始嘗試站立了。到1歲左右，也就是小寶寶１２個月左右時，基本上是可以稍微獨立的站立起來了。

當孩子會站了，就會想要行走！

以上這幾個階段其實對兒童來講，都是非常重要的。前面在提到有關哺乳期的教養問題，父

父母教養便利貼：

嬰兒的翻身、坐、爬、站、走，這5大動作發展是非常重要的階段。

母要順應且關注他們，因此當孩子經歷這個翻、爬、坐、站和行走時，父母千萬不要提前干涉。換句話說，身為父母的大人們只要大概知道孩子在什麼階段、哪個月分、大概要做什麼的時候，再去幫助、協助他，並加強他的練習，這樣孩子在動作發展上就能達到一個最好的效果，千萬不要去限制他。

兒童動作發展階段I：3個月大嬰兒會嘗試翻身

「翻身」這一個動作對嬰兒早期運動有著至關重要的一環，相當於成長發育的重要里程碑。因為翻身是需要整個全身的肌肉配合，孩子才能有效的翻身。

大多數的兒童基本上3個月左右會想嘗試翻身，5個月左右時已經能夠熟練的翻身了。因此這段時期，身為父母的我們要注意：千萬不要把嬰兒束縛住了，也不要去捆綁他，身上的衣服不要穿太緊，也不要穿太窄，以免束縛或限制小嬰兒的身體四肢運動。

但是有不少老人家或是依循傳統育兒方式的

年輕人，會擔心剛出生的寶寶被外在聲響嚇到，便找些布巾、絲襪綁住他的手腳，藉此增加其安全感，同時預防寶寶抓傷自己的臉。又或者像是把寶寶放在大床，甚至有些北方是炕，怕孩子翻身或亂動掉下床或摔下炕去，以前有很多老人家就會用棉被把孩子裹起來，讓他動不了，就會乖乖躺在床上，老人家或者父母就可以去工作、幹活、做飯，都不用看著小孩，也不必顧及孩子會不會因為翻身而掉到地下，把孩子摔傷。相信在中國很多的家庭在面對這階段的孩子都是這麼處理的，是吧？

確實是剛出生的寶寶有所謂的「驚嚇反射」症狀，孩子往往聽到些許聲響，便會手腳晃動、緊張，以致容易哭鬧或是從睡夢中驚醒，直到約4個月後，這個現象才會慢慢消失，所以長輩及家長也別太緊張，以平常心看待就好。

最重要的是「翻身」這個過程，也就是當孩子在4～5個月左右時，如果把孩子給束縛住了，或裹在棉被裡，不給他學習翻身，這個時候

小嬰兒的腦神經發展正好是在連接運動區域這一塊，「翻身」其實是在練習孩子的脊柱與全身中樞神經、四肢整個協調的一個過程，是一個很重要的黃金期，也叫做「關鍵期」。每一次的翻身，就意謂著這孩子在練習，並讓肢體與腦神經形成連接動作。如果這個時候，父母給他束縛住了，長大以後孩子的動作就會出現不協調、反應遲鈍。

這是因為孩子的大腦中樞神經，在運動信號發出來之後，因為手腳及身體被束縛住了，導致和四肢之間，以及脊柱神經的連接就少了。即便是長大以後，手腳沒有被束縛住，但是再怎麼練習，動作仍然極不協調，反應也會很遲鈍，因此往往被排除在體育活動之外，甚至不愛上體育

父母教養便利貼：

「翻身」其實是在練習孩子的脊柱與全身中樞神經、四肢整個協調的一個過程，是一個很重要的黃金期，也叫做「關鍵期」。

課。因為沒有辦法，這樣小孩的神經就是連接不夠，造成一個先天的生理缺陷，十分可惜！

兒童動作發展階段Ⅱ：5～6個月孩子嘗試坐起

當翻身到了一定程度以後，大約5～6個月左右的孩子就會開始嘗試著要坐起來。但是剛開始時，小嬰兒可能會坐不穩，所以父母（大部分為媽媽）就要幫助他，或用手扶著他坐立。在這樣的練習下，等到7～8個月大的時候，嬰兒基本上都能夠穩穩當當的坐著了。

這個「坐立」的動作對孩子來講也很重要，重要性在哪呢？嬰兒能夠不需別人扶持且獨立又穩定的坐起來，身體是需要平衡的。在這段練習坐起來的過程中，孩子是在練習他的平衡能力。因為，坐立的動作包含了趴下的頸部、背部、上肢力量，躺下時頭部能抬起、腹部力量，直立姿

父母教養便利貼：

在孩子從翻身到練習坐立時，父母千萬不要去束縛孩子，還要幫助孩子能穩穩的坐著，坐的時間也不宜太長。

勢下的頭部控制等等。而且一個人要坐起來，必須頭在上頭，身體在上面，腳及屁股要維持上半身的力量，同時還要不能搖晃，這些都是協調動作，都是平衡。如果在孩子5～6個月大練習坐的過程中，把他束縛起來了，長大以後，這孩子的平衡能力會很差。

這個是很重要的概念，在孩子從翻身到練習坐立時，父母千萬不要去束縛孩子，還要幫助孩子能穩穩的坐著，而且坐的時間也不宜太長。建議父母幫助孩子的坐立訓練在開始階段每次幾分鐘即可，以每次5分鐘，每日2～3次為宜，到寶寶6個月時逐漸可以延長至15～20分鐘。如此訓練一段時間，孩子便可獨坐自如。

兒童動作發展階段III：7～8個月大，爬行開始

當孩子能夠長時間且穩定的坐下來以後，接下去就可以進行了一個很重要的環節，就是「爬行」。爬行是需要孩子的大腦和四肢協同運作，還包括他的視力。

因為當孩子開始爬行的時候，他的視神經

已經向外發展，可以看到稍微遠一點的東西了，會想要去探知世界，因此孩子的四肢協同運作就變得很重要。比如大腦通過視覺看到了外面，能夠看到床，看到箱子，看到窗戶，看到四周的東西了，再支配著他的四肢協同運作才可以開始爬行，少一環都無法執行這個動作。

孩子開始爬行，就意謂著這個孩子已經開始對這個世界進行主動的探索了，並且開啟他的認知及學習能力，包括可以進行一些人際交流等等。所以當一個孩子開始爬行，就代表這孩子開始學習脫離母體的第一步。

前面曾提到，母親從懷孕開始，母親和嬰兒無論精神和身體都是一體的，一直到哺乳期，嬰兒和母親的身體分開了，但是精神上還連在一起。而且從孩子的角度來講，從出生到哺乳期，他跟母親沒有分開過。但是進入爬行階段開始，這個孩子才開始有意識到要脫離母親的身體，去向未知的世界探索了，因此這個意義，對孩子而言非常重大。

孩子在爬的過程中，一開始是匍匐前進，為什麼？因為這個時候他四肢無力，等到後面四肢有力了以後，手和膝蓋、胳膊就開始支撐他的身體，於是他就可以用手腳、肘膝配合開始進行爬行的動作，並且為下一階段的「站立」打基礎。

　　因為孩子的四肢在配合爬行的過程中，從大腦至四肢，甚至視覺都是需要協同的，因此在這階段爬行愈多的孩子長大以後愈活潑，行動愈敏捷，動作及思維也會愈協調。時常看到有些老人帶著孩子，由於老人家的精力有限，所以在看顧孩子的時候，怕孩子爬行危險，很多時候會把孩子抱起來，或是放入嬰兒推車裡，不讓他爬行，這是絕對不可以的。如果孩子因此錯過了爬行階段，就再也恢復不了了，很容易產生四肢不協調的問題，甚至統感神經也會不好。以後無論在運

父母教養便利貼：

爬行愈多的孩子長大以後愈活潑，行動愈敏捷，動作及思維也會愈協調。

動、走路時，很容易出現不協調的行為，怎麼看都跟常人不太一樣，多半問題都出在爬行這個階段被錯失了。

兒童動作發展階段IV：9個月大，開始站立

人和動物的區別，就是動物都是四肢著地，且一生都在爬行，但人類在經歷這個過程的時間非常短暫，可能也就一、兩個月而已，就開始嘗試著站立。當人站立起來了以後，兩腳著地可以行走，就把雙手解放出來了，便可以製造使用工具去創造更好的生活，而這一點也是區別人和動物在本質上最大的不同點。

因此，「站立」對兒童來講，有著非常重要的意義。所以當孩子開始嘗試著要站立的時候，父母在初期時要對他進行幫助，包括站立時孩子要扶著爸爸或媽媽前進，代表他是很安全的。父母可以觀察看看，當孩子一開始站立就往前走的時候，其實內心是十分恐懼的，可以從他邁步時小心謹慎，膽戰心驚的表情及動作看得出來，尤其是站立起來後連邁步都還沒有就跌倒了，如果

這時候父母陪伴在身旁扶持著，他就會很安心，很快就能學會扶著東西站立了。

這時，父母要注意的是，千萬不可以過度的幫助，一定要讓孩子儘量靠自己的力量獨立站起來。為什麼呢？這是一種心理定勢形成的道理。要知道在人類的進化過程中，四肢著地爬行到站立，其實是經歷了一個非常漫長的過程，或許在大人眼裡，兒童這階段發育過程也不過就 1 個月。但是在這 1 個月當中，孩子能否獨立站立，對他長大以後心理定勢形成是有很深遠的影響。

哪方面的影響呢？包括孩子的獨立性。孩子在學習站立時儘量讓他靠自己的力量，慢慢站立起來，當他能完成這個動作時，就標誌著他是一個合格的人了。這時候父母可以在一開始輔助

父母教養便利貼：

孩子能否獨立站立，對他長大以後心理定勢形成是有很深遠的影響。包括孩子的獨立性。

他，但不可以過度的幫助，甚至不可以用輔助性工具來幫助他站立。因為這在孩子的身體發展及心理建構上是一個重大的里程碑。

當孩子剛開始學站立時，一開始腿是軟的，剛一站就摔下去，父母可以攙扶一下就放手，儘量讓他獨立的學會站立，然後在旁邊一直鼓勵他。在學習站立的過程中，孩子的腿肌肉會得到鍛煉，他的腦神經和四肢的連接會更加豐富，更加直接。

當兒童一旦自己站起來了，觀察他的表情是非常開心的，有點勝利的那種欣慰，會發自內心的嘎嘎笑，這是因為孩子會想：「我從今天開始，已經不同於動物了。我是人，是我憑著我自己的力量站起來的。」如果這時爸爸媽媽再鼓勵他，他就更喜歡站立了，甚至一站起來會想撲向媽媽，往媽媽身上跑，這又是行走的一個過程。所以才說，父母及老人家千萬不要在這個階段過度幫助，萬一孩子是因過度幫助下學會站立，這孩子沒有體會到自己獨立戰勝難題的快樂及欣

慰，會對他以後的身心發展不利，像是遇到困難容易產生依賴或不願克服的心態。

另外，針對這個階段，父母要注意孩子身體激素的補充，這是什麼意思呢？由於學習站立的孩子需要付出極大的體力，鍛鍊他的肌肉力量，還有運動智力及協調性，因此維生素Ｄ和鈣都不能缺。如果這個孩子在站的過程中腿是軟的，總是站不起來，父母就要注意一下這孩子的維生素Ｄ和鈣是否有缺乏，並馬上進行補充。因為站立完成後的下一個階段就是行走，這對孩子的成長和發育來講，也是一個重要的里程碑，一定要非常注意。

兒童動作發展階段Ｖ：
１０個月～１歲半開始行走

一般來講，當孩子發展到早的話１０個月左右，晚的話１歲半左右就能夠獨立的行走，是最正常的進度。因為行走也不可以過早，早不一定好。因為這時候孩子腦神經連接還沒發育到那個區域，過早了是沒有意義的。同時，在骨骼發

育及身體結構上，孩子也還沒到那個可以行走階段，過早的行走練習對孩子只能是傷害。試想看看，孩子身體都還沒有發育完成，骨骼及肌肉發展還沒到位，這是教孩子行走，只是把壓力施壓在腿上、四肢上、骨骼上面，甚至脊柱上，肯定是一種傷害。

另外，孩子學習行走的過程中，從他可以獨立站立開始，就一定會想嘗試自己邁步練習獨立行走，父母這個時候要注意什麼呢？還是回到老話，只能在初期時進行簡單的幫助，千萬不可以過度的幫助，要讓孩子靠自己的力量去行走。這是無庸置疑的。

但我們時常看到許多家長在孩子學步的過程中，用了代步車。什麼是代步車呢？就是有個小車下面裝幾個輪，把孩子放入車中，他不用自己走，只要把腿稍微一蹬就跑了，腳尖兒也不用沾地，看起來好像是在幫助孩子行走，但現在已經有一些國家明令禁止買嬰兒學步車給孩子用，為什麼呢？

學習站立與啃老族的關係

一個站立，一個行走，對於一個人來說是有非常重要的意義，這代表著一個人能獨立於世的開始。如果這個時候，借助設備或者由大人去代勞，這孩子完全沒嘗試過那種獨立之後，自己戰勝困難的那種喜悅和欣慰。長期下來，這個孩子的心理定勢會很容易產生依賴別人的個性，因為他不能、也不想獨立。最明顯的例子就是現在年輕人為什麼有那麼多的啃老族，完全不想努力去工作賺錢，去爭取自己的機會及未來，就只想在家啃老，玩遊戲打電動，就是不去想自己怎麼獨立，怎麼到外面去拼搏。

為什麼會這樣呢？根據我的觀察及研究，發現這一個族群裡的絕大部分孩子，其實早在哺乳期時，就已形成了這種心理定勢。所以才說，父母要注意這個階段的小孩，在站立時要能夠獨立站起來，因為這時

從腦神經發展，到整個四肢協調及加強肌肉力量才能發揮功能，對孩童的發育及成長產生非常有利的作用。

要知道孩子每行走一步的發育過程，不僅僅是生理的一個發育，更重要的是在他的心理也在這個階段同時發育。孩子在學步行走的過程中，是在學習如何用全身機能來掌握平衡。比如說大腦會指示四肢協同，同時鍛煉各部位的神經連接，像邁步時大腦會指示手、腳和眼睛要串聯起來，當眼睛看到哪裡，我的腳邁向哪裡，這些都是大量的中樞神經發出綜合性的指令，指揮我們的身體去達成。每邁出一步，都有一個平衡點的產生，而大腦就是在檢測這些平衡點，以保證眼睛看到的精準度，也保證腳邁出去精準度。

所以為什麼孩子一開始學走路時都跟跟蹌蹌，因為他在大腦裡的平衡點及精準度不好找，眼睛好像看到那裡，但卻沒有一個精確的距離

感，孩子一開始並不知道遠近，於是一腳邁出去了時，腦袋想的和腿邁出去的距離卻不一樣，就會跟跟蹌蹌的跌倒了。這時大人一看就著急了，趕快扶起來，想要扶著孩子往前走。但是如果孩子全被大人攙扶著往前走，而不是靠自己進行，那麼腦神經所在訓練的這些平衡點、精准度、協調性，就練不著了，因為全被大人的平衡代替了。所以，建議大人們在這時絕對不可以全程攙扶，就得讓孩子自己再站起來，跟跟蹌蹌的往前走，讓大腦把孩子身體測試的精準點、平衡點、協調性都能夠達到完美統一的時候，孩子走路就會穩了，落腳就準了，身體也平衡了，這一關就過來了。

在孩子獨立行走的過程中，父母千萬不可以過度去幫助，一開始幫助一下沒問題，提供孩子安全感，但是絕不允許用學步車，這對孩子的大腦及身心發育都會造成極大的傷害，會產生後面不可逆的現象，如精準度、平衡點、協調性、視覺和身體之間的串聯及距離感掌握等等都會產生落差，是絕對不可以的。

所以父母才要掌握孩子的抬頭、翻身、坐、爬行、站立、行走等行為功能發展的黃金時期，早一點或晚一點都沒有關係，萬一有異常時再趕快帶去看醫生，才能早一點發現治療。當孩子能夠站立了，能夠獨立行走了，也開始發展語言溝通能力，又可以跟人交流了，就可以說孩子平穩的度過了人生當中最重要的敏感期了。

父母教養便利貼：

孩子每行走一步的發育過程，不僅僅是生理的一個發育，更重要的是他的心理也在這個階段同時發育。

154

第七章
9 個月～ 3 歲兒童的半依戀期與肛門期

當孩子從哺乳期到半依戀期，怎麼處理好分離焦慮？

事關孩子未來的心身發展，父母該怎麼做呢？

同時，在面對形塑孩子基礎人格的肛門期，

父母又該注意些什麼？

怎麼為這時期的孩子定下有效的規則呢？

從哺乳期到半依戀期的兒童身心發展

在兒童的早期發展過程中，「依戀」不是突然發生的，而是在較長時間的相互作用中逐漸建立的。一般從嬰生出生之日算起，到滿一周歲，就是「哺乳期」。

哺乳期結束後，孩子就進入到了所謂的「半依戀期」。根據英國心理學家鮑爾貝提出的「依戀理論（Attachment theory）」，依戀的意思就是只依戀母親，並將依戀的發展分為四個階段：0～3個月的前依戀期、3～6個月的依戀建立期、6個月至2歲半左右的依戀關係明確期、2～3歲以目的協調為主的夥伴關係。

由此可見，「哺乳期」主要為依戀期的前二個階段，這時期的孩子從生理上，身體上包括從心理上其實都離不開母親。而隨哺乳期結束，意謂著孩子可以向外去擴展空間，去探索空間，去認知整個世界，但是他又離不開母親或者家人，又不能完全獨立，因此被稱為所謂的「半依戀期」。換句話說，哺乳期的孩子是一時一刻離不

開母親的。但是過了哺乳期之後，母親其實可以有短暫的時間離開孩子去做自己的事，不會對孩子心理造成傷害。而這裡的傷害主要是指「分離恐懼」，也就是指孩子對於母親的離開會造成一種恐懼，超級沒有安全感的。

西方心理學家在兒童發展的過程中做了大量的實驗，其中有一個實驗，就是觀察兒童從出生以後的5～6個月左右，到可以爬行的中間，對事物的觀察力、記憶力、認知去做的實驗。

心理學家針對5～6個月左右的兒童，因剛學會爬，而且對小玩具已經開始有了興趣，便拿出一個彩色的小球給他玩。當孩子在玩的過程中，不小心把小球扔出來以後，心理學家就當著他的

父母教養便利貼：

哺乳期的孩子是一時一刻離不開母親的。過了哺乳期之後，母親其實可以有短暫的時間離開孩子去做自己的事，不會對孩子心理造成傷害。

面把小球藏到椅子背後或者地毯的下面，來觀察這個孩子能不能找到小球，或能不能知道小球被藏到了什麼地方。結果發現，5～6個月大的兒童當發現小球從他眼前消失的時候，並不知道心理學家把小球給藏起來了，所以只要小球消失在他眼前，他就會認為這個小球「沒有了」、「不見了」，然後就會哭鬧。這證明了5～6個月大的兒童還沒有建立自己的邏輯系統，也沒有一個最基本的推理和分析能力。但當這個孩子長到9個月大的時候，心理學家一樣還是把他扔過來的小球給藏起來，這時候的孩子就知道小球其實沒消失，而是藏在地毯下面或者是桌子後面，於是他就會去找。

實驗證明，如果把小球當成了媽媽，像5～6個月大的孩子，當媽媽（球）在他眼前消失了，他就會認為媽媽就永遠消失了。哪怕跟他說的再清楚，媽媽只是暫時離開出去，晚上就回來，孩子其實是聽不懂的。因為這階段的孩子是沒有邏輯、推理或者分析能力的。所以當媽媽如果在眼前消失了，對他來講就是媽媽在他的生命裡消失了，孩子就會感到很恐懼。因為他認知的世界

裡，第一個安全歸屬感就是來自於媽媽。所以當孩子還在哺乳期時，媽媽說：「媽媽出去工作一下，辦完事馬上回來，由外婆看看你，陪著你，不要害怕。」這個孩子心裡只會認為媽媽離開就等於消失了，他根本不會思考到媽媽還會不會回來這件事，因此就會哭鬧不安。

由此可知，哺乳期的媽媽儘量不要離開孩子，就是根據這個科學實驗來支撐這個觀點的。只有到了哺乳期以後，孩子才有這麼一點推理或者分析判斷能力，加上有了一定的語言溝通基礎，當媽媽在跟他說：「我出去一下，一會兒就回來。」孩子才能有一點點的明白及理解，不易產生哭鬧。

掌握孩子四個分離期心態，身心發展才健全

對母親而言，哺乳期間儘量不要離開嬰兒，儘量跟嬰兒在一起，這個要求高嗎？其實對於母親來講，生兒、養兒和育兒，是母親這一生當中的第一責任與義務，只是在孩子最關鍵的哺乳期，也就是9～10個月，用心的去陪他而已，也不是要陪他一輩子。

　斷奶了以後，媽媽是可以去工作的，早上出去了，晚上再回來，因為孩子這個時候能稍微理解媽媽還會回來的，所以不會有很強烈的分離恐懼，對孩子的傷害沒有那麼大。因為我們這一生，和媽媽的關係有四個分離期，只要這四個分離期都處理得很好，都做得到位，孩子的身心都會得到安全感，而不易造成心理傷害。

　像是到了哺乳期過後，孩子從身體上及心智都成長到了一個程度，就可以短暫的離開母親，因此又稱這時為孩子的「第一分離期」。這時候的孩子因為可以吃固體食物而離開母乳了，因為可以爬，可以獨立站立，可以行走了，因此會短暫離開母親向外探索新的世界，這就是第一分離期，也就是孩子獨立的開始了。

　第二分離期大約是孩子3歲左右。隨著孩子各方面能力的成熟，以及穩定的依附關係帶來的信心與安全感，2歲到3歲大左右，孩子能夠相信照顧者短暫離開仍會再回來，分離焦慮通常會降低，而這是第二分離期。

第三個分離期是在孩子7歲左右，這時孩子就要上小學了，算是要步入社會的第一步，因此他可以用邏輯思維去分析，再加上學習種種知識使得他無閒顧及分離的情緒。

第四分離期就是孩子18歲時，18歲就是成人了，完全可以獨立於社會，適應這個社會。所以如果哪一個階段的分離期，父母沒有做好對應的工作（尤其是媽媽），就很容易給孩子心理上造成傷害，因此這四個分離期就相對十分重要。

兒童進入1～3歲肛門期及半依戀期

哺乳期結束，進入到了半依戀期，孩子的發展階段過程中，在語言方面已經能規律的說話及表達，在行為發展則孩子也已從爬行、站立，一直到行走的這樣一個過程。換句話說，大約孩子在9個月到3歲左右的這個階段，就是進入了半依戀期。除了上述提到的語言發展及行為外，這時父母應該還要注意些什麼呢？主要從兩個方面來介紹，一是從佛洛依德的精神分析心理學來講，另一方面則從父母的對應方式再多做介紹。

現代職業婦女在養兒及職場的兩難

其實早在100年以前，天下的女人都能在哺乳期時陪在孩子身邊，光做到這一點其實是最基本的。因為那個時候整個社會環境，男人在外面打拼事業，把錢掙回來了養家糊口讓女人安心，讓媽媽可以安心的在家裡生兒、養兒、育兒。而現在社會講求各種平等、各種女權運動，主張女人應該跟男人平等。於是，現代社會的媽媽們很難做到這一點，因為總是要在孩子和工作之間進行取捨，尤其對於一些精英女性，要做到兼顧職場及養兒這一點太難了。光要在家裡全心全意的陪伴孩子度過哺乳期，就不簡單了。但是或許了解孩子在哺乳期及哺乳期之後的表現，媽媽們可以從中做取捨，以短短的9～10個月換取一個身心健全的孩子，與職場成就相比是否值得。

佛洛依德的精神分析心理學，將人格發展依次分為五個時期：0～1歲的口欲期、2～3歲肛門期、4～5歲的性器期、6～13歲的潛伏期、13歲青春期以後的兩性期。

之前提到「哺乳期」，因為嬰兒的能量聚集點，也就是獲得的快樂多半來自口腔部位的吸允、咀嚼、吞嚥等活動獲得滿足，因此叫「口腔期」，也叫「口欲期」。但到了1歲左右時，兒童敏感的能量聚集點，則從口腔轉化到肛門。

肛門期基本上有下面這三個特點：第一個特點是孩子的排泄，不像以前那樣是隨機的，次數會明顯減少，比如說以前哺乳期嬰兒排泄次數會1天3～4次，或者2～3次，等到哺乳期過後到3歲前，父母會發現孩子的排泄次數可能1天1次，而且不是隨機的。

第二個特徵就是孩子能夠控制排便的能力，已不像哺乳期的孩子控制不了排便，只要有消化排至肛門，就會自然的拉了出來。但是到了肛門期，孩子是能透過肛門的括約肌力量來控制排

便。因為口欲期的時候，孩子的力量發展在嘴巴及牙齒，等到轉移到肛門期時，鍛煉的是肛門的括約肌力量，當孩子可以控制括約肌力量時，便可以控制大小便了。不過，會有父母反應，如果這階段孩子能控制肛門括約肌，那為何他還經常拉到褲子裡呢？只能說這只是轉換過程，等這個過程過了，孩子就不會拉屎及尿在褲子裡了。

第三個特徵就是孩子對自己的排泄物——便便——特別感興趣，會用手去抓、去玩，甚至會用嘴去嚐看看，家長往往都覺得瘋狂受不了。但只能說這是肛門期的一個現象反應。

善用孩子肛門期階段建立自律與規則

兒童發展到了肛門期這個階段時，必須進入自律與規則的建立。或許有些父母會質疑：「孩子還這麼小，建立規則有用嗎？」事實上，父母若在孩子1歲時就開始建立規則，正能幫助他形塑固有人格的最重要階段。

心理學家佛洛依德認為，0～6歲是孩子核心人格形成的關鍵期，而1～3歲更是固有人格的形成一個很重要的階段。什麼叫「固有人格的

形成」？當孩子長大以後，會有很多固有人格的展現，比如說有的人愛乾淨，有的人就邋遢，有的人特別守規矩，有的人就大咧咧，有的人小心謹慎，有的人喜歡無拘無束，而這都就叫做「人格」。人格是在什麼前提下生成的呢？

簡單來說，就是孩子在哺乳期階段，腦部已經開始發展其基礎能力，包括智力、情緒智商，甚至自信以及固有人格形成等。到了肛門期，父母又應該怎麼看待孩子？與孩子產生怎麼樣的互動呢？成為這個階段很重要的教養課題。

從佛洛依德的精神分析，以及心理發展的角度來講，當孩子發展至肛門期，父母更需要幫孩子建立起排泄的規矩，以規範孩子的行為，甚至

父母教養便利貼：

當孩子發展至肛門期，父母更需要幫他建立起排泄的規矩，以規範孩子的行為，甚至讓孩子開始學習什麼叫「遵守規矩，尊重規則」的重要性。

讓孩子開始學習什麼叫「遵守規矩，尊重規則」的重要性。

這聽起來有點抽象——排泄和建立及遵守規矩有什麼關係呢？其實這彼此之間的關係重大！因為孩子進入肛門期，使得排泄的心理定勢形成，而排泄涉及到孩子自控能力，以及規則規範的建立。

之前提到口欲哺乳期的孩子是無法建立規則規矩，因此跟他講道理及溝通都是沒有意義的，因為他最基本的生存欲望及需求，是由媽媽來滿足。他只要發出需求，媽媽就會即時來滿足他。因此口欲哺乳期的孩子是控制不了自己身體的。無論是咬手指、咬被角，或咬人都是一種本能的釋放和發洩。但是到了肛門期的孩子，大小便的排泄卻是可以控制的，也是他來到這個世界上，第一個能控制自己身體的功能啟動。比如說透過肛門或生殖器的括約肌收縮來控制大小便的排泄，以便孩子可以忍住大便，憋住小便。換句話說，肛門期的孩子代表能控制自己身體的肌

肉了，因此所有的能量點都已經集中在肛門這兒了，並且在控制的過程中是會產生快感的。怎麼產生快感呢？其實跟成年人一樣，在大小便時，憋著控制就會產生快感，尤其在釋放時特別爽，這就是源自於兒童時期，第一個學會對自己身體控制的肌肉部位，就是生殖器和肛門。

肛門期人格又分為兩類：排泄型V.S. 固著型

其實佛洛依德的這套兒童心理發展理論還挺了不得的，後來在許多人投入大量的臨床個案研究，就發現當孩子長大成人以後，其固有人格的形成，或多或少都是有童年的痕跡，並且推算到三歲以前。而且孩子的性格又跟父母（尤其是媽媽）的性格及情緒，其實有很大的關係。

如果說排泄是自我控制的開始，至於控制的力度及能力叫「自律性」，而規則的建立與實施——比如說要不要建立規則？要不要守規則？能不能守住這個規則？其實都是一種控制。另外，自我約束的心理啟蒙過程多半就是從肛門期開始的。

　　如果父母在孩子肛門期時表現過分嚴厲要求或控制，孩子在成年以後容易會有偏執、潔癖這樣的行為出現。如果父母在孩子肛門期時對他過於溺愛、寵溺，比如不給1～3歲的孩子建立規則，拉尿撒尿都順著他，如此一來就很難為孩子建立規矩，孩子也就沒有「規則」的基本概念。在這種情況下所形成的人格，佛洛依德稱之為「肛門型人格」，並把肛門期人格分為兩個極端的種類，第一類就叫「肛門排泄型人格」，第二類叫「肛門固著型人格」。

　　什麼是「肛門排泄型人格」？就是父母在孩子肛門期階段都不給他建立規則，而且特別寵溺他，順著他。這種人長大後，人格特質很容易形成一種極其的邋遢、不愛乾淨、做事沒有邏輯與計畫，往往是一時興起，沒有安排。而且在與人相處的過程中，也不會去在意別人的想法，不會顧及別人的感受，通常都會以自我為中心，想怎麼做就怎麼做，對金錢的管理上沒有規劃，有錢就揮霍的月光族，對於人生都沒有計畫及目標。

另外一種「肛門固著型人格」則剛好與「肛門排泄型人格」恰恰相反。這種人特別愛乾淨，有很強的潔癖習慣，比如地上落下一根頭髮都不行，鞋擺的不整齊也不行，屬於偏執型的人格。在做事的方面，有著「肛門固著型人格」的人所表現出來的理性特質極強，做什麼事情按部就班，定好的計畫就不去變動，缺乏變化，個性特別死板、固執，喜歡鑽牛角尖，不知變通。和人交往的時候，所呈現出來的人格特質是小心謹慎，顧慮很多，很難對朋友坦誠相見，對親密關係缺乏信任感，並且時時刻刻對自己及環境都有一種強烈的不安全感。

為什麼會這樣呢？在於父母在孩子肛門期階段過於嚴格管教，並有強烈的控制欲，一般來

父母教養便利貼：

肛門期人格分為兩個極端的種類，第一類就叫「肛門排泄型人格」，第二類叫「肛門固著型人格」。

說，通常有控制欲很強的媽媽會帶出這樣的孩子。因為哺乳期的時候，孩子全然交由母親來擺佈，他是沒有任何的反抗力。但進入肛門期後，孩子已經開始出現一點自我控制的行為，比如說排泄的時間及次數，這個時候控制欲強的母親，就會強烈要求孩子定時大便小便。什麼時候開始大便？小便時間大約多長？諸如此類的問題，一旦沒有控制好，拉到褲子裡時，母親就會非常嚴厲的打罵他，認為孩子是故意的，覺得這個行為是不可以被強化的——孩子能控制大小便卻還拉到褲子裡，就得懲罰。走的完全是行為主義的教養模式——孩子不守規矩，就是用語言懲罰，或者是挨板子。長久下來，會讓孩子屈服於父母的權力，長大了以後，一旦這種性格形成了，孩子會對領導或有權力的人，比如老師、老闆等非常顧慮，並且根本就不會和這種權威人士、上級領導、老闆或者老師相處，只是一昧的服從。但同時本身又擁有強烈的控制欲個性，一旦做了領導或老闆，反而會回過頭來強力控制他的下屬，如果下屬有自己的想法，不按照他的要求去做，他

就會有一種強烈的恐懼，於是就在服從與控制欲下相互矛盾下，十分痛苦。

規則不可以太過嚴厲，也不可以過分放縱

大量的心理學資料都證明，人格一旦形成了，長大以後想要改變是很難的，甚至不太可能。因為早在肛門期所種下的心理定勢，會形成一種自動思維模式，若又沒有在肛門期建立安全感，很容易形成一種恐懼性人格，或者強迫型的思維。即便是人格具有難以改變的穩定性，但找到了正確的方法，經過後天環境帶來良好的影響，還是有可塑性的。父母應該怎麼做呢？只要掌握面對肛門期的孩子，父母不可以太嚴厲的控制，又不可以過分的放縱。

怎麼說呢？其實孩子到了肛門期這個階段，做父母的原則和哺乳期是完全不一樣的——哺乳期講求的是媽媽要能即時滿足孩子的需求，並且完全順應，積極關注孩子反應。但到了肛門期，父母就不能即時去滿足孩子的需求，不能他想怎麼樣就怎麼樣做，這是絕對禁止的。因此到了此

時就要建立一定的規則，但又不能太死板，同時還要有靈活性。

　　比如要求孩子不能隨時想大便，就拉到自己的褲子裡了，或是想要小便時，拉下褲子蹲下就小便。別說孩子沒有羞恥心，家長沒有面子，還沒有教養。但身為父母的人，萬一孩子發生這個事情時，也不可以打罵，也不可以放縱，畢竟孩子還小，也不懂事，還在學習括約肌的控制，但是聽得懂話語也會溝通了，因此家長可以跟孩子建立規則，告訴他這個行為是不對的，以後要大便或小便時記得要跟媽媽說，並忍住憋住一下下，一起去找洗手間來處理。告訴他什麼是對的？什麼是不對的？孩子會聽的，並一點一點的教他，這就叫「建立規則」。

　　如果，孩子真的有時候忍不住拉到褲子裡時，或者在外面大小便，父母也不要太嚴厲去懲罰他，得靈活觀察孩子是什麼情狀，造成他今天的行為。因此在這個時候，媽媽和孩子之間的信任互動其實挺重要的──太兇了也不行，把孩子

嚇著，以後什麼都聽父母的，一點都不敢按照自己的想法來也不行；但太寵愛了也不行，會把孩子寵上天，因此怎麼好好拿捏中間的輕重，變成一位智慧型的母親才是重點。

掌握孩子肛門期階段塑造良好基礎人格

須注意的是，這個處理過程會大大影響到孩子長大成人的人格形成，所以你說重要不重要？

為什麼有的人智商很高，但是在人格方面就是有缺陷，走入極端？為什麼有人總是跟大家處不好關係？有的人太謹慎，一點違規違法或者是一點冒險的事都不敢幹，太死板了。有的人又太無拘無束，毫無規則，其實就是這方面的問題。而且無論是「肛門排泄型人格」或「肛門固著型人格」的孩子長大以後，到了社會上其實都吃不

父母教養便利貼：

掌握孩子肛門期的人格形成階段，建立起既不要太嚴格或太放縱的規則，才是對孩子身心發展有所幫助。

開，會有很大的障礙，很難成功，很難發展。因此身為父母，在孩子肛門期塑造基礎人格的階段，更要注意跟孩子之間的互動，並掌握這中間的尺寸，既不要太嚴格，也不要太放縱，掌握好這個原則，建立靈活又有規範的規則，才能真正幫助到孩子的身心發展。

第八章

小心應對 1 ～ 3 歲兒童的規則定立

孩子的成就與父母教養方式相關，而你是什麼樣的父母呢？

你知道「習得性無助」會帶給孩子什麼影響嗎？

如何在孩子 1 ～ 3 歲這個階段就灌輸他正向思考？

並遠離悲觀消極的想法呢？

怎麼建立規則？怎麼好好跟孩子產生良好互動？如何好好溝通？

更是 1 ～ 3 歲兒童父母應該學習透徹的一課。

教養孩子前，先看看你是什麼型的父母？

　　上一章提到建立規則對肛門期孩子的重要性！這一章則主要針對這一階段孩子的教養原則，就是對孩子的批評、指責、懲罰和獎勵、支持鼓勵，父母到底要怎麼做才會有效？

　　為什麼父母要在這個肛門時期就開始注意了？是因為3歲以內的孩子已經開始有了簡單的溝通，加上他對自己身體有一個控制力了，這意謂著他跟媽媽要一點一點的分離了，並且他開始有自己的想法，可以不完全依賴於媽媽，也可以不完全屈從於媽媽，因此母子之間就會產生一些對立。也就是孩子想的和媽媽想的不一定一樣；孩子的一些做法，媽媽也許會讚賞，也許不贊同，使得媽媽對孩子的行為有一個評價。這個時候，爸爸也會參與進來決定誰對誰錯。但這時候1歲多至3歲左右的孩子開始有點懂事了，所以父母們對孩子的批評、懲罰與支持、鼓勵之間的關係，就要非常注意。尤其這個時期又是關係到孩子長大以後的人格發展、性格及精神狀態的一個很重要

的階段。

那麼父母應該怎麼做呢？在這個時候，孩子做對，要獎勵他；孩子做錯，要懲罰他，這不是很明確的建立規則嗎？又有什麼應該要注意的地方呢？

其實在建立規則時，也要注意父母自己是什麼類型？就我觀察，在中國人的家庭裡有不少父母具有認為孩子做什麼都是錯的「否定型」家長，也有認為要壓抑孩子獲得成就快樂的「逆生長型」父母，還有「過度保護型」父母。

比如說「否定型」的父母——對什麼人，對什麼事基本上都抱持否定的態度。這種否定來自於兩方面：一種是父母本身就是否定性人格，他對自己也全盤否定，對孩子也全盤否定，連對下

父母教養便利貼：

1歲多至3歲左右的孩子開始有點懂事了，父母們對孩子的批評、懲罰與支持、鼓勵，就要非常注意。

屬基本上都是否定的態度，這種人其實是源自於自己的成長期有過不好的經歷和心理創傷——本來這位爸爸或媽媽本身就沒有自信，所以當家長看見孩子做任何事情也會覺得這不對那不對，這是習慣性的問題，並不是孩子做不對。

另有一類父母屬於「逆生長」的父母，在面對孩子教育時，認為做不好要處罰，但若孩子表現很好，心裡高興，他也覺得不能去誇獎鼓勵他，因為一旦誇獎鼓勵孩子，會養成孩子過於自滿的個性，甚至還翹尾巴，比如說：孩子考了100分回來，父母雖然心裡挺高興的，但是嘴上卻說：「你現在考個100分算個屁，有本事考全國100分回來看看，別以為你好像就多厲害！」很多父母就是這樣，即便孩子表現良好，做出成績來了，身為父母還是要罵兩句。因為他覺得這樣才能導致孩子更精益求精的要求自己，朝向愈來愈完美的境界去努力。

至於「過度保護型」父母則是因父母的恐

懼、擔心、不安等而產生對孩子的過度保護。為
人父母者會有許多理由諸如孩子的將來、安全、
好的地位、生活等而擔心。事實上，父母心中些
許的不安全感會控制著父母將不安轉移至孩子身
上。生活在都市，知識程度高的族群當中許多人
是屬於此種類型。

習得性無助的消極行為實驗

所以面對這些類型的父母，無論是以批評為
主，或以否定為主，還是以鼓勵為主，在規範1
～3歲孩子的行為時，到底應該怎麼去界定？怎麼
引導呢？這裡借助心理學很著名的實驗，叫「習
得性無助（Learned helplessness）」，什麼叫
「習得性無助」呢？

根據美國心理學家塞利格曼（Seligman）
的研究理論發現：人或者動物都有這樣的一種模
式——就是面對重複的失敗及被懲罰，會讓其放
棄尋求解決的方法而屈服這樣惡劣環境的行為。
換句話來講，習得性無助就是指通過學習形成一
種對現實無望和無可奈何的心理狀態，發展出放

棄的這種行為。

為證實這個理論，1967年塞利格曼就先用狗來做實驗。他先將三隻狗放在三個籠子裡，用三種電擊行為來測驗狗。

第一種持續電擊第一個籠子裡的狗，剛開始籠子裡面的狗被電擊時會四處逃竄，會哀嚎，但怎麼逃竄好像也沒有用，電擊仍持續，最後他就絕望了，也不做任何掙扎了，只能一直承受著電擊帶來的痛苦。

第二種則是在籠子裡加一個按鈕，但也是對第二個籠子的狗電擊。剛開始，狗因為電擊也很痛苦，但它發現只要爪子按下按鈕，電擊就能結束，但爪子一抬起來，電擊就開始。

父母教養便利貼：

就在1～3歲這個階段，孩子開始和父母產生互動連結時，就已經形成了這孩子的心理定勢。

第三個籠子則不進行電擊。

之後就把這三隻狗放到同樣的一個大籠子裡，中間由一道低矮的障礙物隔開（下面都稱為「雙分電擊籠」）；籠子的一邊通電，另一邊不通電，只要跳過中間障礙物就可以免受電擊，並觀察這三隻狗被電擊時的反應。結果發現：一直被持續電擊的狗，牠覺得反正電擊就電擊，痛苦就痛苦了，就趴在那裡一動也不動的承受電擊的痛苦，也不想找方法躲避掉；第二隻狗剛開始被電擊時，會一直踩著地板在籠子裡找按鈕，雖然後來沒有找到按鈕，但牠發現可以跳過低矮的障礙物，就跳了過去；第三隻狗雖然之前沒有被電擊過，但這次電擊時反應也很大，幾乎沒有逃竄很久，馬上跳過低矮的障礙物，到另一邊躲避這個電擊。

心理學家就發現：第二隻及第三隻狗遭受電擊，馬上就想辦法要跑出去，但第一隻一直被持續電擊的狗，即使障礙物不高，牠也不會想跳過去，就在那絕望地承受著，心理學上就叫這種

行為是「習得性無助」。在實驗結束後，第二隻與第三隻狗都迅速地恢復原先的狀態，但第一隻狗則被診斷出有臨床慢性消沉症狀，也就是憂鬱症。

一直到80年代，這個心理學實驗依然持續著，甚至還用了老鼠、大象等做實驗，發現當人或動物一直被痛苦約束著，逃無可逃時，就會產生絕望，於是什麼都不做了，即便後面換了一個可以逃避的環境，他也不會想去尋找或躲起來了。

老是否定、批評、懲罰，孩子容易悲觀消極

到了後面發現幾乎所有動物都有這種習得性無助的這種狀態，比如說動物園裡的動物，以大象為例，在大象小時候用一條繩子和柱子綁在一起飼養，因為大象還小沒有力量可以掙脫繩子，經年累月之後，也習慣生長的環境了，即便大象長大有力氣掙脫繩子，牠也不會去做，這時再把繩子解開，大象也不會離開了。

再看看馬戲團裡的老虎、獅子，為什麼馴獸

員叫牠們鑽圈就鑽圈，叫牠們跳火就跳火，叫牠們滾球就滾球，怎麼不知道反抗呢？這些兇猛野獸的野性哪去了？其實都是在老虎、獅子、大象還小的時候，每次反抗，馴獸員就打他，而且愈反抗愈痛苦，慢慢的發現反抗也無望，形成了一種習得性無助，即使長大以後，牠再有力量也沒用，因為牠的心裡早已烙印了反抗就更痛苦，對未來是沒有希望的，野獸的野性心理已經被徹底的毀掉了。這樣的動物長大了以後放到了野生的環境，就只有被吃掉的命運。

為什麼講「習得性無助」這個心理學實驗？

因為現在社會中就有這樣的情況出現，不用特地去找。比如童年受虐待的孩子，一直生活在否定、批評、懲罰的環境下成長，長大以後，他

父母教養便利貼：

在1～3歲這個階段，父母若老是否定、批評、懲罰，孩子容易悲觀消極。

會覺得自己做什麼都是失敗的，全面否定自己，形成這種「習得性無助」的種精神狀態。即便外面的人看他很優秀，考試成績都很好，而且一再鼓勵他展現自己優點，但他還是陷入到「我不行，我成功不了，我啥也不是，我什麼都不如別人，什麼都是我的錯」的自卑心態，乾脆就不努力了。

事實上，這一類人從小就把這種失敗，及對自己的否定種在了心裡，怎麼種呢？誰種的呢？講明白了，就是父母。何時開始種下這矛盾的心態呢？就在1～3歲這個階段，孩子開始和父母產生互動連結時，就已經形成了他的心理定勢。

成功的人拼命努力，失敗的人找藉口

1975年，塞利格曼更將「習得性無助」運用在人體上做實驗。一樣分為三組，第一組曝露在劇烈、令人不適的噪音中，但他們可以通過按壓四次按鈕結束噪音；第二組曝露在相同的噪音下，但按鈕並沒有關閉噪音的功能；第三組未曝露在噪音環境中。

之後，三組所有的被實驗的人都進入一個充滿噪聲的房間中，可以通過將手移到箱子外面的人為按壓槓桿，就可以關閉噪音。但就像之前塞利格曼在小狗身上做的實驗一樣，其他二組的人卻可以很快明白如何消除噪音，只有第二組的人完全不曾嘗試要按壓槓桿去關閉噪音，而這就是「習得性無助」。

　　在當時，塞利格曼認為人類處於失去控制感的環境中，會在以下三個方面產生負面影響：動機、認知和情緒。認知缺陷指個體認為自己身處的環境無法改變；動機缺陷指個體放棄或無視逃離負面情境的方式；情緒缺陷指個體身處在自己感到難以控制的負面情境中會產生憂鬱心境。基於以上研究，塞利格曼認為習得性無助與憂鬱存在某種相關。

　　但站在教養上卻有一個很重要的指導意義。只要觀察周圍的人，就會發現容易成功的人一定會拼命努力，並且不斷嘗試成功的方法；但失敗的人會特別消極，不會努力去找或嘗試成功的方

法，因為他心裡認為這不會成功，完全沒有成功的概念。因此俗話說：「失敗是成功之母」，其實這話只對一半，因為若是針對從小就形成「習得性無助」的人來講，失敗就永遠會失敗的，因為他就甘於失敗，不相信會成功。這種人看起來好像很努力，但你會發現其實他只是表現「很努力」，但卻完全沒有進行新的嘗試。

而對於那些勇於嘗試，勇於去尋找成功方法的人，「失敗是成功之母」這句勵志名言就是有用的，因為每一次失敗，他都會向成功接近一步，這個非常重要。

老年療養院的人、孤兒院的人、修道院的人、廟裡的人……，這些環境非常容易造就這種習得性無助。就拿監獄裡的人來說，他待在這裡就要老老實實的服從。一旦出現想要越獄的想法，或是想要爭取更多的福利的時候，就會被暴打或嚴厲的懲罰。這樣正常的人進去了，時間一長都會染上習得性無助，甚至哪天監獄大門打開了，監獄裡囚犯有幾個敢走出去？我保證一個也沒有。

每次聽到第二次世界大戰，日本人侵略中國的時候，光兩個日本兵拿著槍壓著200個中國人拿著鋤頭、鍬工作，我都在想為什麼這些人都不會反抗呢？團結一起暴動呢？其實這也是一種習得性無助——大家怕被槍打死，所以都放棄了，不去嘗試，不去抵抗。為什麼？因為抵抗所受到懲罰更嚴重，日本人運用的就是這一種納粹集中營的思考模式控制著。在這種環境下遭受長時期的折磨以後，人就絕望了，只有順從及忍受，才能活下去，已經不想做反抗及努力了。

建立規則但以鼓勵為主，讓孩子不斷的去嘗試

對應到哺乳期過後的1～3歲這階段的孩子，其實已經開始有一定的自控行為能力了，這個時候父母該怎麼對待孩子便顯得格外重要。如果這

父母教養便利貼：

對於那些勇於嘗試，勇於去尋找成功方法的人，「失敗是成功之母」就是有用的，因為每一次失敗，他都會向成功接近一步。

時的父母總是說他不對，總是罵他，總是批評他，總是懲罰他，這樣的孩子很容易形成「習得性無助」。

但也有父母反應：「那我一句也不批評他，也不懲罰他，全都是鼓勵，是不是孩子表現就會很好了？」錯了，其實更麻煩。因為這樣只會養成孩子一點規矩都沒有，長大以後什麼都不怕，四處破壞規矩，肆意妄為，毫無章法，我形我素，無拘無束，那也不行。

所以這個階段的父母一定要注意，以鼓勵為主，讓孩子不斷的去嘗試，但又不要太束縛他，同時制定規則，去規範他的社會性。而且從佛洛依德的肛門期這個角度來講，這個階段就是建立規則，遵守基本規範的一個重要階段。

其實不僅僅是這個階段，在哺乳期時也存在這個問題，當孩子他第一次睜開眼睛看著這個世界，第一次開口發聲，第一次開始攀爬，第一次開始學習坐立……都是第一次時，孩子不可能所有的行為都是對的，也不可能不犯錯，如果父母

太過嚴厲的斥責，反而就傷害了孩子。

　　比如說孩子在學習爬行時快要從床上掉下來了，這時候媽媽著急大聲喊：「不可以，不能那麼亂爬，你掉下來怎麼辦？」其實孩子根本就不懂，但是他一下就被制止了。或者孩子要撿掉在地上東西的時候，一不小心把媽媽的手機或iPad撥到地上，結果得到就是一陣的訓斥。如此一次兩次，其實對孩子打擊是非常嚴重的。

　　不要以為媽媽不經意間的發火，罵罵兩句，孩子就會老老實實的，其實在肛門期的孩子行為是沒有動機的，完全出自於一種本能。就像孩子會拉到褲子裡了，或者是晚上睡覺的時候尿床了，都是這個年齡層兒童很正常的情況。如果父母總是斥責孩子：「你不對，不要這樣，不許那樣。」孩子長大以後，會不敢去嘗試，不敢去冒險，因為父母在他幼小的心靈裡種下的就是：「什麼都不對，我一動就錯，我經常犯錯，我不行，我什麼都不是，我得不到父母的認同，我是不好的，我是壞人……」。所以光這一點，父母

就一定要小心及注意。

尤其這個階段孩子經歷從翻身、爬行、坐立、站立、行走的過程，更要多多鼓勵，多讓孩子去嘗試，這一點非常重要。

另外，父母在這階段也為孩子建立基本的規則，比如說孩子晚上尿床了，先別急著罵他，應先了解原因為何，像是問他：知道自己半夜要尿尿嗎？為什麼不想起來上廁所？是不是不想起來叫媽媽？那下次要記得叫媽媽陪你上廁所。

也不是說這個階段的孩子說不得碰不得，懲罰不得，該教育時還是要教育的，否則就變成寵溺了，這樣反而更麻煩，還不如自卑的小孩。其實哺乳期過後，父母在教育子女的過程中，彼此之間的相互互動要找技巧，千萬不要走兩個極端：一種是控制性極端，一種是放縱性極端。只要掌握好建立基本的規則，並以鼓勵為主，支持孩子去嘗試，不要怕孩子犯錯為原則。

3歲之前建構好最基本的規則

面對1～3歲的兒童，最基本的規則是先學會控制自己的身體，比如教導孩子控制自己大小便，另外罵人、打人、咬人是不對的行為也要告訴孩子，不能一昧的放縱，也不能什麼都去滿足，畢竟已經過了哺乳期。

1～3歲這個階段就是孩子從完全依賴於母親，到半獨立階段，也是之前提到的半依戀期，都屬於一個過渡期，如果父母處理好這個階段，孩子不但會建構屬於自己的基本規則來控制住自己行為，同時又有一種積極向上探索、未知世界、勇於嘗試的狀態，就算是成功了。

然後當孩子長到了3歲，父母就可以開始建立一些家規，並引導他開始認識更廣泛的世界，再為7歲階段做好準備，所以才說肛門期這個階段也

父母教養便利貼：

這個階段孩子經歷從翻身、爬行、坐立、站立、行走的過程，更要多多鼓勵，多讓孩子去嘗試，這一點非常重要。

是孩子身心發展很重要的一個里程碑。父母更要好好把握這個階段，和孩子產生良好的互動，並用心去對待孩子的一切變化及學習，才能奠定孩子良好的身心發展。

父母教養便利貼：

肛門期階段是孩子身心發展很重要的一個里程碑。父母更要好好把握這個階段，和孩子產生良好的互動，並用心去對待孩子的一切變化及學習，才能奠定孩子良好的身心發展。

第九章
半依戀期，孩子進入「觀察式學習」

當孩子顛顛地剛學會走路，他關注的焦點開始從媽媽的臉移開，

對於微細事物的觀察特別有興趣，

這時期的孩子不僅是觀察高手，也是模仿高手，

從父母言行舉止、從左鄰右舍的動靜、從電視節目上……

父母除了儘量讓孩子在大自然界進行觀察，更要以身作則，

因為，善於觀察的孩子會模仿大人的一切，

深印在心理深處。

敏感期孩子，觀察微細事物的興致特別高

約略在1～3歲這個時期，哺乳期過後，進入所謂的「半依戀期」階段，孩子的發育過程在此會經歷幾個比較關鍵的敏感期，其中之一是孩子的語言形成，父母在此時對孩子的語言引導便顯得特別重要。另外，對於微細事物，孩子這個時候會表現出非常強烈的興趣。

孩子開始觀察這個世界，他關注的焦點已經從媽媽的臉移開，外界的事物、大自然的變化開始進入他的視線範圍，尤其是滿週歲，已經學會走路的孩子，我們會發現他對外界充滿了無比的好奇感，對一些微細的事物，他的觀察很透細。有的時候，孩子光是看著一片樹葉，就能呆上半天。千萬別懷疑，孩子可以用掉半天的時間來觀察一個東西，有時候玩一雙螞蟻也能玩好長一段時間，而且這個時候孩子就喜歡做一些特別的事，比如說在土裡去抓耙、挖沙坑玩沙，他觀察沙子，這就是他的敏感期到了。

此時，父母應該要多留一些時間給孩子，帶

他去觀察這個世界。孩子開始觀察世界時，也就是他這個區域的腦神經正在進行大量的連接，這個時候一定要注意孩子所處的環境不能太單調。

什麼叫「單調的環境」呢？簡單地說，凡是人為製造的環境都是單調的環境。比如在家裡，居家環境即使擺進再多的玩具，房子裝修設計富麗堂皇，也算是單調環境，因為這個也叫「人為的環境」。

人為的環境相對於大自然，顯得單調乏味，其信息量遠不足於大自然蘊含的信息量。人造環境和大自然相比，不及大自然的萬分之一、一億分之一、十億分之一。以居家環境為例，室內地板、房子牆面，看似好像有各種圖案，但是如果

父母教養便利貼：

1～3歲孩子開始觀察世界時，也就是他這個區域的腦神經正在進行大量的連接，這個時候一定要注意孩子所處的環境不能太單調。

以孩子觀察的角度來看地板區塊，其所提供的資訊量就太貧乏了，光潔的地板和自然界的大地做比較，屋外一塊小草地所蘊含的信息量，那是巨大無比。

把剛會走路的 1 歲孩子帶進大自然裡

大自然裡的任何一處都含有巨大的信息量，是人造環境永遠比不上的。每一根草、每一顆樹都有所不同，每一片樹葉都是完全不一樣的，緊緊吸引著孩子的目光，大人卻興致缺缺，對微細事物的觀察早已經沒有耐心，不屑於去看身邊周遭的細微事物。

我們發現長大成人以後，有的人擁有極強的觀察力極強，有的人卻不善於觀察，甚至有的人特別缺乏觀察，其實觀察力強大與否取決於大腦皮層的腦神經連接是否豐富，如果腦神經連接密集，腦迴路多，大腦皮層的溝壑深，長大以後自然能以最快的速度，去能觀察他人注意不到的環境變化、表情變化，每個人的觀察能力完全不一樣，甚至產生天壤之別的差異。

善於觀察的人是非常敏銳的，有任何一點

微細變化都能感受到；不善於觀察的人便特別遲鈍，他的反應總是緩慢，遇突發事情時的應變反應甚差。孩子從什麼地方學習觀察呢？前文曾提及，哺乳期階段的親子互動是基礎，孩子先從觀察母親微表情變化開始學習觀察，到了半依戀期階段，父母就要注意讓孩子多觀察世界，用什麼方式來觀察呢？

最好的方式是，把滿週歲剛會走路的孩子帶到大自然裡，讓他儘量接觸大自然。但也有父母認為，屋子外面骯髒不潔，孩子在草地上打滾玩一會兒，在泥水、泥地上踩踏玩一會兒，全身髒兮兮的，還是不要讓孩子接觸外面，家裡舒服整潔、富麗堂皇，在這樣的環境裡玩耍，才是衛生呢。可千萬不要從這個角度考慮，其實孩子都有強大的免疫力，不僅僅是天生的，當中有一部分

父母教養便利貼：

其實孩子都有強大的免疫力，不僅僅是天生的，當中有一部分是透過和大自然的常接觸獲得。

是透過和大自然的接觸獲得，讓他的免疫力不斷強大。

所以，身體免疫力問題要從兩個部分來談，一是先天具備，另一是後天取得，並非把孩子放在一個很純的真空環境裡，將他完全包覆保護，他的免疫力就會強大。

自幾百萬年前有人類的出現以來，我們在大自然當中才能適應大自然，身體愈來愈健壯。父母別怕孩子在草地上打滾，在泥地裡玩，在土堆裡抓土、吃土，去玩小蟲子，對這些行為別感到害怕，那是孩子需要的。孩子在觀察泥土的時候，不單單是用眼睛看，他又用手去抓一把土玩，我們發現孩子們都特別喜歡玩水、玩土、玩泥巴，特別願意撿小樹葉、去玩草，為什麼？

那是因為孩子的視覺、聽覺、觸覺，以及他的手眼協調性，都是在這個階段被強化，於是他對大自然的細微觀察力，同樣也在這個階段被強化。建議父母儘可能地讓滿週歲學會走路的孩子

走動，儘可能地讓他去觀察大自然，孩子的一切學習其實都是在觀察當中學習，這是一種人類最早的，也是最原始的學習模式。

3歲分水嶺 逐漸脫離對母親的依戀

3歲之前，也是孩子自我意識逐漸萌芽的敏感期。自我意識萌芽可分成幾個階段，而哺乳期階段的口欲期，孩子吸吮手指頭、咬小娃娃、咬被角之類，其實都是在建立自我的一個過程。

等到他快滿3歲，他對自己的身體輪廓大概瞭解，知道這副框架就是自己的身體，那時孩子最底層的自我基本上便已經建立起來。同時間，孩子對獨立的認知也開始萌芽，他已經知道了「你我他」，他也知道自己和大自然界裡的萬事萬物，彼此是不同的存在。

這不就是有獨立的想法嗎？同一時期，孩子

父母教養便利貼：

社會規範敏感期約是2歲半左右～4歲，此時孩子特別喜歡交朋友，開始嘗試要進入社會群體。

的整體狀況是暴躁、逆反、叛逆，打人、咬人等都有可能發生。這個時候身為父母的我們應該怎麼辦？

或許可以試著從上一本書《范明公精英教養學（二）——無縫陪伴及孩童從零～七歲的身心發展與教育》裡有關蒙特梭利的31個敏感區尋求解法，因為這個階段涉及到幾個敏感期，這便是其中一個。

社會規範敏感期應該從2歲半左右～4歲，父母在這個時候會發現孩子特別喜歡交朋友，喜歡群體活動，因為孩子開始嘗試要進入社會，過群體生活。父母半依戀期發生的時間也是在3歲前，雖然孩子還不能完全脫離母親，但從這個時候開始接觸大自然，有一半的時間去觀察大自然，開啟人生第一個階段學習，這是3歲前的孩子最重要的過渡階段。

創造安全的自然環境有其必要性

3歲以後，孩子進入觀察或學習人類社會，學習與人接觸應該掌握什麼技巧？具備何種能力？

面對孩子的學習成長，父母應該採取哪些行動呢來幫助他？

　　首先，要多帶孩子到郊外去，親近大自然，接觸小動物等。如果家裡有院子是最好，讓孩子儘量留在屋外，在大自然中玩，因為他在玩的過程同時也在觀察、體會，讓他有機會淋淋雨，吹吹風，甚至於受點風寒，讓陽光的熱度照射他，這些對孩子來說都是非常好的。他在大自然裡感受，有助於更大幅度地開發他的視覺神經、聽覺神經、觸覺神經。要注意的是，父母不要把孩子包裹的嚴嚴實實的，一點風都吹不著，陽光照不著，碰不到水，摸不到土，草枝也不能拿在手裡玩。第二個要注意的事項是什麼呢？由於孩子在這個階段已經開啟主動學習模式，那麼後天環境的重要性就出現了，孩子周圍的環境對其影響是

父母教養便利貼：

讓孩子在大自然裡感受，有助於更大幅度地開發他的視覺神經、聽覺神經、觸覺神經。

非常巨大的。就孩子的學習而言，學習環境可以概分成兩大類，一個是人文環境，另一個則是自然環境。

自然環境指的是大自然，重要的是確保孩子的安全，不論孩子是在土堆裡玩，在草地上奔跑，都沒有安全疑慮，這個就叫作「外部的自然環境」。提醒父母注意的是，孩子在戶外玩耍時，留心他玩耍的範圍是否越界，比如說跑到垃圾堆旁邊去探索，或者是在無意間將有害的物質往自己嘴裡放，或者是碰觸到有銳角的物質。為孩子創造一個安全的自然環境有其必要性，還要放手讓他儘情地在大自然中遊玩。

班杜拉實驗 兒童可通過人文環境習得某事

人文環境的意思是什麼？從孩子的學習角度來看，所謂的人文環境指的是「人與人之間的關係暨溝通模式」，直接影響到孩子與人交往，並在未來經營人際關係時發酵。在此時，孩子開始探索世界、接觸外部群體，父母是不是得給他講道理，告訴他人和人之間怎麼相處。其實，跟孩

子講道理是沒有意義的，因為他的大腦理解還不足以構成邏輯思考，沒有辦法連結因果的邏輯。美國的心理學者班杜拉曾針對孩子的學習啟蒙進行大量的心理學實驗，從實驗結果來分析孩子什麼時候開始學習？孩子的學習內容是什麼？

　　班杜拉在上個世紀的70年代，進行了一個很知名的心理學實驗，實驗目的是「兒童目睹攻擊性行為後的行為表現」，實驗室隨機挑選兩組兒童，一組為實驗組，一組為控制組。

　　實驗組兒童所在的空間裡，擺放著幾個大型充氣娃娃，負責操控實驗的老師當著孩子的面，對充氣娃娃謾罵、拳打腳踢，用各種暴力方法對待充氣娃娃。控制組兒童所在的空間同樣佈置了大型充氣娃娃，操控實驗的老師用很平靜的態度來跟娃娃玩，孩子在一旁觀察老師與娃娃的

父母教養便利貼：

跟小小孩講道理是沒有意義的，因為他的大腦理解還不足以構成邏輯思考，沒有辦法連結因果的邏輯。

互動。一段實驗時間後，只留下兩組兒童在各自的實驗空間裡，老師們離開室內，觀察孩子們怎麼對待這些充氣娃娃。令人驚訝地，在沒有成人現場示範，實驗組兒童中有好多孩子看見充氣娃娃，會不自覺地走上前踢打謾罵娃娃；控制組兒童幾乎沒有發生打罵娃娃的情形。

該實驗進行好幾年，很多兒童都參與實驗。結果顯示，實驗組兒童的自然攻擊性遠大於控制組兒童；也就是說，兒童是可以通過觀察習得攻擊性行為。

從班杜拉的實驗結果顯示，1歲以後的兒童已經啟蒙學習了，在他剛學會走路的時候，開始最早期的第一階段學習。1歲孩子的學習對象是誰呢？跟父母學。兒童的學習環境主要來自家庭環境，外面環境。

對1～3歲的幼兒來說，家庭環境對其心理成長、認知世界，包括人與人之間的溝通模式，是一個至關重要的環節。而從心理學對兒童學習

規律的研究，我們得出這樣的結論，兒童的學習發展一直到他成人之前，特別是1～7歲的學齡前兒，只有父母（或主要照顧者）能夠真正的影響他一切。

7歲前，重視孩子的「觀察式學習」

7歲是另一道分水嶺，此時孩子已經脫離父母，主要的活動範圍也不是家裡，父母對他的影響力逐漸減弱，取而代之的是學校老師，特別是7～12歲的孩子，老師會對他形成巨大的影響。

12歲～18歲的孩子正值青春風暴中，老師的影響力逐次遞減，取而代之的是同輩，也就是說會受到偶像和同儕的影響非常大。

一般來說，孩子在18歲前都是跟在父母親身邊，跨越接受教育的三個學習階段，瞭解各階段影響孩子人生的對象後，大人會更清楚如何協助孩子成長。

7歲之前，孩子主要是受父母影響。

父母要注意自己的言行，你給孩子創造的家

庭環境和家人相處氛圍，決定了孩子長大以後與他人接觸的交往模式，甚至於他的性格、他對世界、對人的看法與知見觀念等，都是在7歲前便已經開始。

7～12歲，小學階段的老師對孩子的影響取代家人。

在長達6年的小學階段，學校老師對孩子的影響非常大，如果能力許可的話，建議為孩子找一間相對好的學校、老師，以及好的校園環境。這是什麼意思呢？古代有孟母三遷，孟子的母親不僅言傳身教，她特別注重外界環境對孩子的影響，幾次決定搬家，便是要給孩子提供好的學習環境。

父母教養便利貼：

7歲前的孩子，他真正的學習模式是「觀察式學習」，由觀察而進行模仿，由模仿而進行強化，最後固著形成了自己的人際溝通模式。

現今，父母對孩子學習的焦點專注於知識性學習，其實那是最次要的。對孩子來講，孩子真正的學習模式是什麼？尤其是7歲前的孩子，他真正的學習模式是「觀察式學習」，由觀察而進行模仿，由模仿而進行強化，最後才固著形成了自己的人際溝通模式、自己對心理的一個定式，是藉由觀察週遭環境來的，不是坐在課堂上聽道理所得。

大人對7歲前的孩子講述道德倫理，孩子聽不懂也不想明白，因為他的理解力、身體和心理，都還沒有到學習道理的階段，自己建立自己的感知、標準。父母的言傳身教便是7歲前的幼兒教育，孩子通過觀察父母的處事應對，來形成自己的人與人之間溝通模式，形成自己對世界的認知與看法。孩子怎麼觀察父母呢？父母在家裡閒聊，他們在涉及外面的見聞、外面的人是怎麼樣子的，如何執行、企劃專案內容，無論大人們說什麼，孩子其實都在聽著、觀察，他們看似漫不經心地，其實全進了他心裡。

7歲以後，老師、同儕開始影響兒童學習

從7歲入學起，學校老師的力量開始進入孩子的學習生活，尤其是小學老師對孩子的影響是非常巨大的。如果老師能和孩子打成一片，能夠多鼓勵孩子，多挖掘孩子潛藏的優點、天賦，不斷鼓勵他朝向更深廣的學習，弱化孩子的缺點，孩子極有可能擁有不一樣的未來。因為在小學階段，老師的話對他們來說就像聖旨一樣，無論老師說什麼，學生都全面接收，所以老師對的評價，孩子會記上一輩子。

在小學階段，如果哪一位老師特別欣賞自己，他這一輩子都記著這位老師很欣賞自己，他都會受此鞭策，成為他追求理想的動力。小學階段的老師真的太重要了！如果有機會的話，請儘量為孩子找一位「好」老師。所謂的「好」

父母教養便利貼：

對12歲～18歲的孩子有影響力的，一個是偶像，一個是他的夥伴。

老師，並非是嚴格、嚴厲的老師，而是善於鼓勵孩子，真正喜歡孩子的老師；同理，「好」學校不一定是升學名校，通常名校的共通點就是拼成績，在臺上授課的老師一個個都變成了教學機器、分數機器，孩子也都變成了機械記憶的機器，老師對孩子的影響就在於提高孩子的學業成績，一點意義都沒有。

12歲以後，孩子邁入青春期，父母在孩子12歲～18歲，要注意與孩子來往的對象，如同班同學、孩子的其他夥伴等，觀察他跟什麼樣的朋友伴在一起，如果他交友的對象有著不良傾向，建議趕快給他換環境學習，因為青春期的孩子是勸不了的。因為，孩子他會經常在一起學習，往往不知覺中被某一類人所吸引，而來往的頻率愈高，吸引力便愈強，大人愈是持反對意見，他們愈會偷偷在一起，關係更緊密友好。

只有一個解決辦法，父母如果發現孩子週圍、班級裡、學校裡有不良品性的孩子，他們快形成一夥，彼此談話很投機，經常在一起活動，

父母必須幫他更換環境。因為在這個階段對孩子有影響力的，一個是偶像，另外一個就是他的夥伴，父母和老師的勸說都發揮不了作用。

暴力型大人帶出暴力型下一代？

美國心理學者班杜拉主導的「兒童攻擊性行為學習」實驗告訴我們，孩子長大以後如何對待家人？怎麼對待另一半？怎麼對待他的小孩？長大以後，孩子的學習模式、學習習慣，包括他考慮問題的角度，對世界的知見等，都是在小時候形成的。進一步地說，孩子在這個階段的學習是通過觀察模仿，那麼他的觀察力就會特別強，這是因為孩子的腦神經連接在這個階段就是處在敏感期，所以他善於觀察。

父母千萬要注意夫妻之間的相處！這會影響孩子日後新組家庭的關係。夫妻相處應該是什麼模？孩子從小便通過觀察父母的相處得來，如果父母感情非常好，親密無間，相互相體諒照顧，這樣的經歷、畫面便會在他幼小的心理埋下種子，自然認定夫妻之間的相處理當如此，那麼未

來在跟另一半相處也是這個模式。他沒有別的比較，不知道還有其他的相處模模式，不知道什麼是對的、錯的，他就覺得是天經地義。

即便是在選擇另一半的條件，孩子也是模仿父母，找個媳婦是跟媽媽差不多的，找一個老公跟他爸也差不多，兩人的相處、有了小孩以後的生活，幾乎是上一代的翻版。

孩子在很小的時候，父母分床睡，爸爸待在書房，媽媽在自己床上抱著他，那麼孩子心裡就認定是夫妻要這樣分開。現在有太多的父母在孩子1～3歲時分床，或是因為懷孕、哺乳問題，怕影響另一半工作，夫妻倆不在一個床上，後面就變成習慣，即使孩子已經1歲，夫妻倆還是各自一張床。其實孩子都在觀察父母是的生活方式。孩子在觀察的同時一定會模仿，以後他面對夫妻生活就自覺應該分開。父母親之間怎麼說話？用什麼語氣說話？我們發現一種現象是，有的孩子在公眾場合大喊大叫，完全不顧及別人感受；有的孩子特別粗魯，一說話一點童聲沒有，嗓音沙

啞，言詞粗爆沒有禮貌；有的孩子講話低聲細語，有禮貌，懂得掌握分寸。為什麼同是年紀相當的孩子，在行為表現上卻如此大不相同？在看看孩子父母的行為表現，家庭環境，與自己的孩子有極高的相似度。由此可見，家庭對孩子的影響有多麼深遠。

家人彼此之間是冷漠，孩子長大以後是不是也是如此？因為，孩子的內心深處存在的父母印象特別冷漠、易怒，儘管孩子的態度熱情友善，但是你看到的是表面，看到的是形，他跟人交往的時候掏不掏心？你在討論育兒學之前，大人要先知道孩子的學習模式麼，我們都希望孩子「好」，但所謂的「好」不一定是學習好。首先，孩子要身體健康、心理正常，要有一個健康正常的人際關係，人際關係是個模式，希望孩子長大以後自己成家立業，成家後的生活幸福與否，將是他一生中很重要的一點。

如果跟另一半時常吵吵鬧鬧、兩人相處特別冷漠，會希望孩子未來也是這樣子嗎？結婚幾年

便分離，或是遭受家庭暴力，連大人都無法接受家庭暴力。但是，家庭暴力怎麼產生的呢？為什麼就有人看似文質彬彬的，對別人有禮貌，一回到家裡，就打老婆，打孩子？看看他的上一代有沒有家暴歷史呢？

班杜拉觀察「兒童的攻擊性行為學習」的實驗結果顯示，暴力型兒童長大以後極有可能成為家暴型大人，原因與其學歷沒有關係，跟他受知識教育程度沒有關係，只要脾氣一上來就動手打人，完全控制不住自己，往往出手後後痛哭流涕，下跪求情認錯，最恨的就是那些打老婆的男人，即使另一半選擇原諒他的失控，但是等下一次他再失控時，還是會再上演另一次家暴。現今社會上，太多像這樣具攻擊性人格的人了，多少

父母教養便利貼：

父母千萬要注意夫妻之間的相處！這會影響孩子日後新組家庭的關係。

對夫妻因此離婚。但這種情況怎麼來的呢？就是兒童通過觀察模仿學習。

如果父母很恩愛，意見不合，也從來不會動手，那麼孩子未來也不會動手。孩子會出手打人，他一定是通過觀察模仿學習，如爸爸打媽媽，媽媽打爸爸，他跟別的孩子在溝通接觸時，可能就會發生肢體衝突，待長大以後就完全控制不住，他心理哪怕再恨家庭暴力最恨出手打人的施暴者，心理的憤恨愈深愈會動手打另一半。因此，在選擇人生伴侶時要擦亮眼睛，別看對方表現的文質彬彬，善體人意，找機會看看他的家人，男孩就是模仿爸爸，女孩則是模仿媽媽，父母的行為言談，將是下一代未來的模樣，暴力型爸爸必然帶出暴力型兒子，這是一定的。

父母教養便利貼：

夫妻倆不打孩子，為什麼孩子有暴力行為呢？答案或許出在大人看的電視節目。

電視是很典型的外部環境之一

　　常聽老一輩再三叮嚀，找對象時擦亮眼睛，老人家的意思是挑選對象時不能僅看外表、學歷等條件，還得瞭解對方家庭，他的爸爸是什麼樣子？他的媽媽是什麼樣子？他從小是在什麼樣的環境下長大？或許有人質疑，夫妻倆在家不打孩子，為什麼孩子開始有暴力行為，經常出去打別的小孩？答案或許是出在家裡平時看的電視節目。外部環境會影響孩子，電視就是很典型的外部環境之一，現代人每天花多少時間在看電視，節目經常出現暴力場景，若父母喜歡看槍戰片等，孩子在很小的時候就處在充滿打鬥動作的環境，他經由觀察自然也學會了出拳，他不知道動手這件事是對或錯，但知道胳膊粗、力氣大、拳頭硬，就能解決問題。日後，他解決問題的方式就是仿照這個模式。

　　除此之外，還有現在年輕人沈迷的虛擬網路遊戲，也是如此。尤其要注意的是，孩子在1～3歲階段，他基本上已認知了這個世界，一旦他定

下這個觀點，以後他就不會改變。人與人之間的來往模式一旦形成了，未來很難改變。鑑於此，來自孩子的早期觀察，經由模仿學習，最後形成自己模式的東西，長大成人以後很難被改變扭轉，已經刻入孩子的心裡，變成身體的一部分，一旦遇到相似狀況，便自動的就要這樣做了。

父母以身作則，勝過說道理

孩子的學習一定都是通過觀察和模仿而來。父母的處理方式，不是給孩子講道理，自己應該以身作則，做一個遵紀守法的人，遵守社會各項規則、禮儀規範，對父母應該問好。孩子理解不了，但是孩子會觀察。心理實驗結果顯示，當成人和孩子在一起，成人嘴上說一套，行動上卻做另一套，孩子最終還是模仿大人的行動，至於大人嘴上說的道理，對孩子是沒有什麼意義。

父母教養便利貼：

父母聊天時儘量多讓孩子旁聽，這些話都會內化在孩子心理的最深處，比他長大後讀多少經典還有用。

7歲以後的孩子對大人的模仿更是明顯，這項實驗告訴我們，真正對孩子具影響力的是大人的言傳身教，且身教重於言傳，比如父母是很包容的人，對人寬厚包容，小孩自然也會用包容的態度待人。

孩子從小就在這樣的環境下長大，他就會受到影響，為什麼？比如說，父母閒聊白天發生的事，誰欺負了誰，孩子在旁邊睡覺也好，吃飯也好，玩耍也好，父母倆之間的互動，孩子其實都在聽著，這個時候父母的好多評論都會印在孩子心裡，「得饒人處且饒人！」、「退後一步海闊天空！」、「我們看人家是這樣，人家不一定是這麼壞。」這些話其實都會印在孩子心裡。父母聊天時，儘量多給孩子機會聆聽，像這些話都會內化在孩子心理的最深處，比孩子長大以後讀多少經典都還有用。

1～3歲的孩子，還沒有辨別力，到了7歲以後才會有辨是非能力，才知道什麼是對的、錯的。7歲以前的孩子不知道，甚至是對自己都沒有

一個評價，他不知道自己是什麼樣的人，是聰明的、是漂亮的，是勇敢的，還是有力量的，他無法對自己做出評價。

7歲以前的孩子，對自己的所有評價都源自於父母，父母對孩子所做的評價就固著了，孩子就認同了。因為他沒有不認同。他不可能說：「我不是這樣的人。」父母如果總是誇講孩子聰明勇敢，他自然就認同：「我是聰明的，我是勇敢的。」

父母的相處情形影響孩子未來發展

孩子所有對自己最深層的評價是源自於父母，如果父母對某一個孩子特別偏愛，會影響其他孩子的自信心嗎？比如說，父母特別喜歡第一個孩子，給予他的鼓勵就多，被鼓勵多的孩子就有自信，自然就對自己有較高的評價，至於其他孩子，可能在有意、無意間，收到來自父母的打擊或否定，這個孩子長大以後對自己就是父母給的評價。

同樣地，父母針對孩子的特點給予不同的教育方式，對待個別孩子的態度不同、評價不同，那孩子們長大後，他們的人生發展截然不同。

在這一方面值得父母特別注意，尤其是在孩子1～3歲的成長過程，這個階段還沒涉及到對孩子的評價，孩子才剛剛開始有行動的出現，即使犯了錯也在大人可接受的範圍沒有自己思維能力，3歲以後才涉及對孩子的評價。

重要的是，父母的身教重於言傳，幫助孩子完成社會規範的建立，而非給他講道理。父母的任務是給孩子創造一個溫馨的、親密的，且具有良好溝通方式的家庭環境，對孩子一生、性格養成，以及對孩子長大以後怎麼與人相處的影響非常巨大。

尤其注意夫妻發生爭執時，也要避開孩子溝通，沒有理由的分床是感情冷漠的象徵，孩子都在旁邊學習。在孩子1～3歲階段，父母就得做出榜樣，感情冷淡的夫妻，下一代長大後複製了上一代的模式，會幸福嗎？

大人自己都做不到的事，如何要求自己的孩子達成呢？

如果你跟另一半的相處時特別冷漠，兩個人都不在一起生活，那麼女兒長大後有可能跟另一半特別親密嗎？未來結婚後，兩人同睡一張床，不到3個月都覺得難受，他也不知道哪兒難受，隨便找個理由，如打呼、翻身影響自己睡眠品質、照顧孩子等，想辦法把另一半攆走，太多的個案追蹤分析結果顯示，究其本質不是夫妻關係不好，而是這種夫妻生活模式，源自於小時候對父母相處的觀察模仿，這樣的認知一旦根深便難以撼動，並非尋求心理學家或心理諮詢師的診治就好了。因為這個是潛移默化造成的，他就這麼認知，這叫「深層認知」。

雖然父母也知道這樣做、這樣想是不對的，

父母教養便利貼：

重要的是，父母的身教重於言傳，幫助孩子完成社會規範的建立，而非給他講道理。

這是有問題的，也想為孩子豎立一個好榜樣，就硬去改，挺難受，在調整的階段挺痛苦，因為已經形成軌跡了，有認知了，現在再要改變它就不容易。

然而，現在的夫妻、為人父母者卻沒多少人知道，按照自己的生活方式過日子，大人並不覺得自己的生活方式會影響到孩子對家庭生活的認知。「他是他，我是我，人家有人家的幸福，我有我的苦衷。」大人的心裡這麼想著，其實是不對的。在育兒學面，我們為什麼揭示了大量的心理學實驗，因為任何的實驗計畫最後必須歸類統整結論，所得到數據資料是有科學根據，並非憑空想像。

我們結合心理學實驗的資料，並納進中華民族的祖先代代傳承的育兒智慧，完善育兒學系統。然而，很多現代人對老祖先傳承下來的育兒經驗不感興趣，甚至接受不了，但對於國際上公認的西方心理學實驗又堅信不疑，尤其是年輕世代，認可西方科學家、心理家的理論、實驗，不加判別。這就是中華民族的悲哀嗎？

所以在匯整大量的臨床個案，搭配西方的心理學實驗，我們發現老祖宗才真正是大智慧，前人得出的育兒結論雖然沒有那麼多的實驗佐證，但是他們提出來的觀點都是符合人類自然生長的規律，值得大家深思並引以為借鏡。

筆記 notes

筆記 notes

筆記 notes

筆記 notes

范明公精英教養學（三）
—— 從哺乳期到口欲期奠定孩子未來人格

作　　　者／范明公
出 版 贊 助／徐麗珍
文 字 編 輯／李寶怡、魏賓千
執 行 編 輯／李寶怡
封面及版型設計／廖又頤
美 術 編 輯／廖又頤
企 畫 選 書 人／賈俊國

總　 編　 輯／賈俊國
副 總 編 輯／蘇士尹
編　　　輯／高懿萩
行 銷 企 畫／張莉滎、蕭羽猜、黃欣

發　 行　 人／何飛鵬
法 律 顧 問／元禾法律事務所　王子文律師
出　　　版／布克文化出版事業部
　　　　　　台北市民生東路二段 141 號 8 樓
　　　　　　電話：02-2500-7008
　　　　　　傳真：02-2502-7676
　　　　　　Email：sbooker.service@cite.com.tw
發　　　行／英屬蓋曼群島商家庭傳媒股份有限公司城邦分公司
　　　　　　台北市中山區民生東路二段 141 號 2 樓
　　　　　　書虫客服服務專線：02-25007718；25007719
　　　　　　24 小時傳真專線：02-25001990；25001991
　　　　　　劃撥帳號：19863813；戶名：書虫股份有限公司
　　　　　　讀者服務信箱：service@readingclub.com.tw

香港發行所／城邦(香港)出版集團有限公司
　　　　　　香港灣仔駱克道 193 號東超商業中心 1 樓
　　　　　　電話：+852-2508-6231　傳真：+852-2578-9337
　　　　　　Email：hkcite@biznetvigator.com

馬新發行所／城邦(馬新)出版集團 Cité (M) Sdn.
　　　　　　Bhd.41, Jalan Radin Anum, Bandar Baru Sri Petaing, 57000
　　　　　　KualaLumpur, Malaysia
　　　　　　電話：+603-9057-8822　傳真：+603-9057-6622
　　　　　　Email：cite@cite.com.my

印刷／韋懋實業有限公司
初版／2021年 5月

售價／新台幣 300 元
ISBN／978-986-5568-65-8
EISBN／978-986-5568-69-6（EPUB）